AF450114

Turjumaadda Macnaha Quraanka

Turjumaadda Macnaha Quraanka

CUTUBKA
29AAD
TABAARAK

Turjumay & Faafaahiyay
MAXAMED XIRSI GUULEED
(ABDIBASHIR)

EUROSOM BOOKS
2022

EUROSOM BOOKS.
Copyright © Maxamed Xirsi Guuleed (Abdibashir).
First Edition, First Print October 2022.
Soo Saariddii 1aad, Daabiciddii 1aad Oktoobar 2022.,

All rights reserved. For the purpose of teaching and learning one is allowed to photocopy, record, quote from, and transmit it. For permissions and requests, write to the author, and or the publisher, at the address/email below.
Xuquuqda buuggan oo dhan waxay u dhawrantahay qoraaga. Lama daabacan karo idan la'aan. Waa loo adeegsan karaa barasho, baritaan iyo duubis. Shardigu waa in aan xuquuqda lagu xadgudbin.

Printed & Distributed by
Daabicidda & Suuqgaynta waa
Eurosom Books
Stockholm, Sweden
abdibashir@hotmail.com

Typesetting & Cover by
Hagaajinta & Galka waa
Looh Press Ltd
Leicester, England, UK
LoohPress@gmail.com

ISBN: 978-91-984421-6-8

TUSMADA

HORDHAC

Ebbaa mahad iyo ammaan leh, Rabbiga maamula adduunka! Isagaa i waafajiyey ina karsiiyey in aan turjumo cutubka 29aad ee Quraanka oo ah Jus Tabaarig. Waxaa uu hore iigu sahlay turjumaadda Jus Camma iyo Faataxada. Ujeeddadaydu waa in aan sidan u dhammaystiro Quraanka oo dhan. Waa tallaabo ka mid ah tallaabooyinka "Soo dhaweynta fahanka diinta islaamka" iyo deegaamaynta aqoonta.

Turjumaadda Jus Tabaarig

Jus Tabaarig waa juska 29aad ee Quraanka kariimka ah. Waxa uu ka koobanyahay 11 suuradood oo mid mooyaane wada Maki ah. Tirada aayaduhu waa 431 aayadood. Tirada ereyadu waa 2,774 erey. Tirada xuruuftuna waa 11,070 xaraf oo carabi ah. Jaantuskan eeg:

Suuradaha	Turjumaadda	Soo degiddii	Aayadaha	Ereyada	Xuruufta
سورة الملك	Maamulka	77aad	30	335	1313
سورة القلم	Qalinka	4aad	52	300	1256
سورة الحاقة	Dhabkayeesho	78aad	52	256	1480
سورة المعارج	Sallaammada	79aad	44	216	861
سورة نوح	Nuux	71aad	28	224	920
سورة الجن	Jinka	40aad	28	285	870
سورة المزمل.	Isduuduube	3aad	20	285	838
سورة المدثر	Isdade	2aad	56	255	1010
سورة القيامة	Qiyaamaha	31aad	40	197	652
سورة الإنسان	Qofka	98aad	31	240	1054
سورة المرسلات	Kuwa la diro	33aad	50	181	816
Wadarta tirooyinka		11	431	2774	11070

Shaqada aan qabtay waa turjumaad. Waa turjumaadda macnihii laga fahmay Quraanka Kariimka ah ee aan anigu ku qancay. Halkaa afeefasho ayaa ku jirta oo Eebbe isaga uun baa og ujeeddada dhabta ah ee hadalkiisa. Wixii aan saxay, mahaddeeda waxa leh Ilaahay. Wixii aan qalday, anigaa qalday, umase qasdin in aan qaldo. Haddaba waxaan kaa codsanayaa in aad degdeg iila soo xidhiidho oo aad i saxdo ama cid ila soo xidhiidhi karta aad gaadhsiiso, haddii aad ku aragto kitaabkan:

1- Qalad qoraal ama higgaadeed
2- Qalad macne oo xagga luqadda ah
3- Qalad macne oo xagga nuxurka ah
4- Ama kakanaan luqadeed oo lagu merganayo, akhriska ama fahanka

Tubta aan u raacay turjumaaddu waa isla tubtii aan u raacay turjumaaddii Jus Camma. Markaa fadlan akhriso hordhaca turjumaadda Jus Camma ee aan turjumay.

Suurad kasta waxaan ku ladhay 9 sifo oo ay leedahay oo kala ah;

1. Magaca suuradda iyo isagii oo Afsoomaali u turjuman
2. Maki iyo Madani ka ay suuraddu tahay oo ah arrin taariikheed
3. Tirsiga suuraddan ee kitaabka Quraanka
4. Tirsiga soo degidda (yacnii, waa suuraddii immisaad ee soo degtay?)
5. Magaca suuraddii ka horraysay xagga soo degidda
6. Magaca suuraddii ku xigtay xagga soo degidda
7. Tirada aayadaha suuradda
8. Tirada ereyada iyo
9. Tirada xuruufta

Arrimahaas waxaan ka soo xigtay tixraacyo sugan oo kala duwan, laakiin ma arkin kitaab dhammaantood ku kulmiyey meel keli ah. *Taasi waxa ay siinaysaa turjumaaddan qiimo dheeraad ah.* Qodobka 6aad kuma jirin turjumaaddii Jus Camma.

Tirada xuruufta suuradaha waxaan u cuskaday kitaabbo tafsiir ah oo aan tixraacyada ku xusi doono (eeg tixraaca 17aad iyo 19aad).

In la tiriyo tirada ereyada iyo xuruufta suuradaha, wax qiimo ah oo dheeraad ah uma laha turjumaadda. Laakiin Waxaan jeclaystay in aan akhristaha ku baraarujiyo ajarka ku jira akhriska Quraanka, inta uu le'ekaan karo. Waayo, nebigu (NNKHA) waxa uu yidhi *"Qofkii akhriya xaraf ka mid ah kitaabka Alle, waxa uu helayaa 10 ajar"*. Markaa haddii aad akhrido suuradda Almulki oo ka kooban 1313 xaraf, waxa aad ku helaysaa 13 130 ajar. Maa Shaa Allaah!

Caqabado

Muddadii aan ku guda jiray, turjumaadda Juskan Tabaarig iyo juskii ka horreeyey ee Camma, waxaan la kulmay caqabado kala duwan. Caqabadahaas oo ay tahay in la xuso, maanka lagu hayo mustaqbalka. Waxaa ka mid ah:

1- Turjumaadda Afsoomaaliga oo aan lahayn tixraacyo qoran. Waxaa ugu badan ee macnaynta iyo laqbaynta Quraanka laga tixraaci karaa waa cajalado. Cajaladahaasi waa sharraxaad loogu talagalay dhegeyste. Markaa waxay kaa caawin karaan fahanka uun ee qoraalka kaama kaalmaynayaan.

2- Dadka aad ka martido in ay kula eegaan turjumaadda oo aanay badankoodu ku kaalmaynayn. Sababtu waa dadka oo aan ku fiicnayn akhriska qoraalka Afsoomaaliga.

3- Baahida loo qabo turjumaadda cilmiga, gaar ahaan Quraanka, oo aanay dad badani dareensanayn. Marar badan waa lagula yaabayaa.

4- Waxaa la igu qabsaday adeegsiga adeegsiga ereyga "Eebbe" oo ka mid ah ereyada u dhigma "Allaah" ee Afsoomaaliga ah. Laakiin markii aan rogrogay, waxaan ku qancay in ereyga "Eebbe" uu la mid yahay, "Allaah" iyo "Ilaahay" lana isticmaali karo.

5- Waxaa la igula dooday turjumaadda magacyada suuradaha oo aan isku taxallujiey.

6- Caqabadda ugu culus, waa in xuruufta Afcarabiga ee uu Quraanku ku qoranyahay iyo xuruufta Afsoomaaligu, ku kala duwanyihiin meelo. Tusaale ahaan, Afsoomaaliga kuma jiraan xuruuftani: (ث, ذ, ز, ص, ض, ط, ظ, غ), waa siddeed xaraf. Haddii aad doonto in aad erey ku jira aayad, ku qorto Farsoomaali, way kugu adkaanaysaa. Markaa haddii loo heli lahaa calaamado Farsoomaalida ka tirsan oo xuruuftaa lagu suntadu, faa'ido weyn ayaa ugu jiri lahayd akhrinta iyo higgaadinta Quraanka. In farta Soomaaliga lagu qoray xuruufta laatiinka, waa ay sii fogaysay barashada Afcarabiga iyo xuruufta uu Quraanku ku qoranyahay. Hase ahaatee, kolba sidii loo jabo ayaa loo dhutiyaa. Maanta Afka Soomaaligu waxaa uu ku qoranyahay farta laatiinka, markaa waa in loo hawl galo, sidii loo soo kordhin lahaa xuruuf lagu beego xarfaha carabiga ah ee afkeenna ka maqan, iyada oo ay ujeeddadu tahay fududaynta barashada Quraanka.

Mahadnaq

Mahad iyo ammaan waxa ay u sugnaadeen Ilaaha weyn ee waaxidka ah. Naxariis iyo nabadna waxa aan u tuugayaa Nebi Muxammad (NNKHA). Waxa kale oo aan u ducaynayaa oo u mahadnaqayaa qof kasta oo gacan ka geystay turjumaaddan aan ku sameeyey Jus Tabaarig. Waxa aan la kaashaday culimo-diineed, aqoonyahan luqadeed iyo saaxiibbo kala duwan. Haddii aan magacyadooda tiriyo liisku waa uu dheeraanayaa, Waxanse leeyahay "Jasaakumullaahu khayr" dhammaantiin.

Tixraacyo

Intii aan turjumaadda Jus Tabaarig ku jiray, waxaan ka baadhayey wixii hubin iiga baahda kutubta tafsiirka Quraanka oo aad u fara badan. Waxaan si gaar ah ugu xidhnaa bogga www.https://tafsir.app ee ay maamusho hay'adda Ayatt charity association. Tixraacyada hoos ku xusan meelo kala duwan ayaan ka tixraacay.

1 Tafsiir al-Ṭabarii: Jaamic al-Bayaan fii Ta'wiil al-Quraan. Waxaa qoray Abuu Jacfar Muxammad b. Jariir b. Yaziid al-Ṭabarii (dh. 310/922).

تفسير الطبري / جامع البيان في تأويل القرآن المؤلف: محمد بن جرير بن يزيد بن كثير بن غالب الآملي، أبو جعفر الطبري (المتوفى: ٣١٠هـ)

2 Tafsiir al-Thaclabii: al-Kashf wa'l Bayaan Can Tafsiir al-Quraan. Waxaa qoray Abuu Isxaaq Axmad b. Muxammad b. Ibraahiim al-Thaclabii (dh. 427/1036).

تفسير الثعلبي / الكشف والبيان عن تفسير القرآن المؤلف: أحمد بن محمد بن إبراهيم الثعلبي، أبو إسحاق (المتوفى: ٤٢٧هـ)

3 Tafsiir al-Waaxidii: al-Tafsiir al-Basiiṭ. Waxaa qoray Abuu al-Xassan Cali b. Axmad b. Muxammad al-Waaxidii (dh. 468/1076).

تفسير الواحدي / التَّفْسِيرُ البَسِيطُ المؤلف: أبو الحسن علي بن أحمد بن محمد بن علي الواحدي، النيسابوري، الشافعي (المتوفى: ٤٦٨)

4 Tafsiir al-Zamakhsharii: al-Kashshaaf can Xaqaa'iq Ghawaamiḍ al-Tansiil. Waxaa qoray Abuu al-Qaasim Jaarallah Maxmuud b. Cumar b. Axmad al-Zamakhsharii (dh. 538/1143).

تفسير الزمخشري / الكشاف عن حقائق غوامض التنزيل المؤلف: أبو القاسم محمود بن عمرو بن أحمد، الزمخشري جار الله (المتوفى: ٥٣٨هـ).

5 Tafsiir al-Raazii: Mafaatiix al-Ghayb / al-Tafsiir al-Kabiir. Waxaa qoray Abuu Cabdallah Fakhr al-Diin Muxammad b. Cumar b. al-Xassan al-Raasii (dh. 606/1209).

تفسير فخر الدين الرازي / مفاتيح الغيب / التفسير الكبير المؤلف: أبو عبد الله محمد بن عمر بن الحسن بن الحسين التيمي الرازي الملقب بفخر الدين الرازي خطيب الري (المتوفى: ٦٠٦هـ)

6 Tafsiir al-Qurtubii: al-Jaamic li Axkaam al-Quraan. Waxaa qoray Abuu Cabdallah Shams al-Diin Muxammad b. Cumar b. al-Xassan al-Qurtubii (dh. 671/1272).

تفسير القرطبي / الجامع لأحكام القرآن / تفسير القرطبي المؤلف: أبو عبد الله محمد بن أحمد بن أبي بكر بن فرح الأنصاري الخزرجي شمس الدين القرطبي (المتوفى: ٦٧١هـ)

7 Tafsiir al-Bayḍaawii: Anwaar al-Tanziil wa Asraar al-Ta'wiil. Waxaa qoray Naaṣir al-Diin Abuu Saciid Cabdallah b. Cumar b. Muxammad al-Bayḍaawii (dh. 685/1286).

تفسير البيضاوي / أنوار التنزيل وأسرار التأويل المؤلف: ناصر الدين أبو سعيد عبد الله بن عمر بن محمد الشيرازي البيضاوي (المتوفى: ٦٨٥هـ)

8 Tafsiir Abuu Xayyaan al-Andaluusii: al-Baxar al-Muxiiṭ fil Tafsiir. Waxaa qoray Abuu Xayyaan

al-Diin Cabdiraxmaan b. Abii Bakr al-Suyuuṭii (dh. 911/1505).

تفسير الجلالين المؤلف: جلال الدين محمد بن أحمد المحلي (المتوفى:٨٦٤هـ) وجلال الدين عبد الرحمن بن أبي بكر السيوطي (المتوفى:٩١١هـ).

13 Tafsiir Abuu al-Sucuud: Irshaad al-Caqal al-Saliim ilaa Mazaayaa al-Kitaab al-Kariim. Waxaa qoray: Abuu al-Sucuud al-Camaadii Muxammad b. Muxammad b. Muṣtafaa (dh. 982/1574).

تفسير أبي السعود / إرشاد العقل السليم إلى مزايا الكتاب الكريم المؤلف: أبو السعود العمادي محمد بن محمد بن مصطفى (المتوفى:٩٨٢هـ).

14 Tafsiir al-Shawkaanii: Fatx al-Qadiir. Waxaa qoray: Muxammad b. Cali b. Muxammad b. Cabdullahi al-Shawkaanii (dh. 1250/1834).

تفسير الشوكاني / فتح القدير المؤلف: محمد بن علي بن محمد بن عبد الله الشوكاني اليمني (المتوفى:١٢٥٠هـ)

15 Tafsiir al-Aluusii: Ruux al-Macaanii fii Tafsiir al-Qur'aan al-Caẓiim wa'l Sabac al-Mathaanii. Waxaa qoray Shihaab al-Diin Maxmuud b. Cabdallah al-Xuseeynii al-Aluusii (dh. 1270/1854).

تفسير الألوسي / روح المعاني في تفسير القرآن العظيم والسبع المثاني المؤلف: شهاب الدين محمود بن عبد الله الحسيني الألوسي (المتوفى:١٢٧٠هـ)

16 Tafsiir Nawawii al-Jaawii: Maraaxu Labiid li-Kashf Macnaa al-Quraan al-Majiid. Waxaa qoray Muxammad

Athiir al-Diin Muxammad b. Yuusuf b. Cali al-Andaluusii (dh. 745/1344)

تفسير أبو حيان الأندلسي / البحر المحيط في التفسير المؤلف: أبو حيان محمد بن يوسف بن علي بن يوسف بن حيان أثير الدين الأندلسي (المتوفى:٧٤٥هـ).

9 al-Tafsiir al-Qayyim: Tafsiir al-Quraan al-Kariim. Waxaa qoray Shams al-Diin Muxammad b. Abuu Bakr b. Ayyuub Ibn Qayyim al-Jawziyyah (dh. 751/1350).

التفسير القيم / تفسير القرآن الكريم. المؤلف: محمد بن أبي بكر بن أيوب بن سعد شمس الدين ابن قيم الجوزية (المتوفى:٧٥١هـ)

10 Tafsiir al-Samiin al-Xalabii: al-Durr al-Maṣuun fii Culuum al-Kitaab al-Maknuun. Waxaa qoray Abuu al-Cabbaas Shihaab al-Diin Axmad b. Yuusuf b. Cabd al-Daa'im as-Samiin al-Xalabii (dh. 756/1355).

تفسير السمين الحلبي / الدر المصون في علوم الكتاب المكنون. أبو العباس، شهاب الدين، أحمد بن يوسف بن عبد الدائم المعروف بالسمين الحلبي (المتوفى:٧٥٦هـ)

11 Tafsiir ibn Kathiir: Tafsiir al-Quraan al-Caẓiim. Waxaa qoray Abuu al-Fidaa'i Ismaaciil b. Cumar b. Kathiir (dh. 774/1372).

تفسير ابن كثير / تفسير القرآن العظيم المؤلف: أبو الفداء إسماعيل بن عمر بن كثير القرشي البصري ثم الدمشقي (المتوفى:٧٧٤هـ).

12 Tafsiir al-Jalaalayn. Waxaa qoray Jalaal al-Diin Muxammad b. Axmad al-Maxallii (dh. 864/1460) iyo Jalaal

17 Tafsiir al-Maraaghii. Waxaa qoray Axmad b. Muṣṭafaa al-Maraaghii (dh. 1371/1952).

تفسير المراغي المؤلف: أحمد بن مصطفى المراغي (المتوفى: ١٣٧١ه)

18 Tafsiir ibn Caashuur: al-Taxriir wa'l Tanwiir. Waxaa qoray: Muxammad al-Ṭaahir b. Muxammad b. Muxammad Ibn Caashuur (dh. 1393/1973).

تفسير ابن عاشور/ التحرير والتنوير/ تحرير المعنى السديد وتنوير العقل الجديد من تفسير الكتاب المجيد» المؤلف: محمد الطاهر بن محمد بن محمد الطاهر بن عاشور التونسي (١٣٩٣)

19 Tafsiir al-Shinqiiṭii: Tafsiir Aḍwaa al-Bayaan fii Iiḍaax al-Quraan. Waxaa qoray Muxammad al-Amiin al-Shinqiiṭii (dh. 1393/1973).

تفسير الشنقيطي/ أضواء البيان في إيضاح القرآن بالقرآن المؤلف: محمد الأمين بن محمد المختار بن عبد القادر الجكني الشنقيطي (المتوفى: ١٣٩٣ه)

20 Tafsiir Xabanakah al-Maydaanii: Macaarij al-Tafakkur wa Daqaa'iq al-Tadabbur. Waxaa qoray Cabdiraxmaan

b. Xassan Xabanakah al-Maydaanii (dh 1425/2004).

تفسير حبنكة الميداني/ معارج التفكر ودقائق التدبر تفسير تدبري للقرآن الكريم بحسب ترتيب النزول وفق منهج كتاب قواعد التدبر الأمثل لكتاب الله عز وجل. عبد الرحمن حسن حبنكة الميداني.

21 Tafsiir al-Jazaa'irii: Aysar al-Tafaasiir li-Kalaam al-Caliy al-Kabiir. Waxaa qoray: Abuu Bakar Jaabir b. Muusaa al-Jazaa'irii (dh. 1439/2018).

تفسير الجزائري/ أيسر التفاسير لكلام العلي الكبير المؤلف: جابر بن موسى بن عبد القادر بن جابر أبو بكر الجزائري (المتوفى: ١٤٣٩ه)

22 Tafsiir al-Cadawii: al-Tas-hiil li-Ta'wiil al-Tanziil. Waxaa qoray Muṣṭafaa al-Cadawii.

تفسير العدوي/ التسهيل لتأويل التنزيل لفضيلة الشيخ مصطفى العدوي.

23 Tarjumaad iyo fasiraad macnaha Quraanka Kariimka / Sheekh Cabdulkariim Xaaji Muxamed Xaaji Jaamac (1929-1985).

24 Turjumaadda Quraanka ee Af Iswiidhishka / Koranens Budskap: med kommentarer och noter. Waxaa qoray Muxammad Knut Bernström (dh. 2009).

Afarta kitaab ee kala ah, *Tafsiir al-Thaclabii, Tafsiir Nawawii al-Jaawii, Tafsiir al-Maraaghii,* iyo *Tafsiir Xabanakah al-Maydaanii* waxay mudanyihiin xus gaar ah. *Tafsiir al-Maraaghii* waxaan ka tixraacay, suurad waliba suuraddii ay ku xigtay xagga soo degidda. *Tafsiir al-Thaclabii* iyo *Tafsiir Nawawii al-Jaawii* waxaan ka tixraacay tirada ereyada iyo xuruufta. *Tafsiir Xabanakah al-Maydaanii* waxaan ka tixraacay lambarka ay ahayd xagga soo degidda suurad waliba. Kitaabka *Tarjumaad iyo fasiraad macnaha Quraanka Kariimka* waa turjumaad Afsoomaali ah oo wanaagsan oo uu sameeyey Sheekh Cabdulkariim Xaaji Muxamed Xaaji Jaamac oo geeriyooday 1985kii. Waxaa qaybta mufasalka PDF ahaan iigu soo diray qof ka mid ah qaraabada sheekha, ka dib markii uu faafay warkii turjumaadda Jus Camma. Ilaahay sadaqo aan go'in ha uga dhigo sheekha.

Maamulka

Waa suurad Maki ah. Waa suuradda 67aad ee musxafka. Waxa ay ka koobantahay 30 aayadood, 335 erey iyo 1313 xaraf. Waa suuraddii 77aad ee soo degta. Waxay ku xigtay suuradda Ad-duur, iyadana waxaa ku xigtay suuradda Al-xaaqa.

Faahfaahin 1:

Suuraddan Al-mulki, waxaa fadligeeda ka mid ah, in qofkii akhriskeeda badiya ay u shafeeca-qaaddo Yoomal-qiyaamaha ilaa loo dembidhaafo iyo in ay cadaabul-qabriga ka badbaadiso. Waxaa laga soo weriyey Cabdullaahi binu Mascuud iyo Abuu Hurayra iyo Jaabir.

Maamulka

بِسۡمِ ٱللَّهِ ٱلرَّحۡمَٰنِ ٱلرَّحِيمِ

Waxaan ku bilaabayaa magaca Eebbe. Eebbaha naxariis badan oo guud naxariista. Eebbaha naxariis badan oo gaar ahaaneed naxariista.

تَبَٰرَكَ ٱلَّذِى بِيَدِهِ ٱلۡمُلۡكُ وَهُوَ عَلَىٰ كُلِّ شَىۡءٍ قَدِيرٌ ١

❶ Waxaa uu khayrkiisu batay, ka uu maamulku gacantiisa ku jiro, wax walbana wuu awoodaa; isagu.

ٱلَّذِى خَلَقَ ٱلۡمَوۡتَ وَٱلۡحَيَوٰةَ لِيَبۡلُوَكُمۡ أَيُّكُمۡ أَحۡسَنُ عَمَلًا وَهُوَ ٱلۡعَزِيزُ ٱلۡغَفُورُ ٢

❷ (Ilaahay waa) Ka abuuray geerida iyo noloshaba, si uu u bilkeedo kiinna u camal wanaagsan. Isagu waa ka qaalibka ah ee dembidhaafka badan.

ٱلَّذِى خَلَقَ سَبۡعَ سَمَٰوَٰتٍ طِبَاقًا مَّا تَرَىٰ فِى خَلۡقِ ٱلرَّحۡمَٰنِ مِن تَفَٰوُتٍ فَٱرۡجِعِ ٱلۡبَصَرَ هَلۡ تَرَىٰ مِن فُطُورٍ ٣

❸ Kaas oo abuuray, toddoba cir oo kala sarreeya. Kuma arkaysid wax daldalool ah ama kala dhinnan, Ilaaha Raxmaanka ah abuurkiisa. Bal eegmada ku celi oo miyaad ku aragtaa wax dildillaac ah.

ثُمَّ ٱرۡجِعِ ٱلۡبَصَرَ كَرَّتَيۡنِ يَنقَلِبۡ إِلَيۡكَ ٱلۡبَصَرُ خَاسِئًا وَهُوَ حَسِيرٌ ٤

❹ Haddana ku celceli eegmada; marar badan. Waxay kugu soo noqon indhuhu, iyagoo hungoobay oo weliba daallan.

وَلَقَدۡ زَيَّنَّا ٱلسَّمَآءَ ٱلدُّنۡيَا بِمَصَٰبِيحَ وَجَعَلۡنَٰهَا رُجُومًا لِّلشَّيَٰطِينِ وَأَعۡتَدۡنَا لَهُمۡ عَذَابَ ٱلسَّعِيرِ ٥

❺ Dhab ahaan, waxaannu ku qurxinnay cirka soke, xiddigo ifaya. Waxaannu ka yeelnay xiddigahaas, gantaallo lagu gano shaydaammada. Waxaanannu u diyaarinnay iyaga, cadaabta Saciira.

وَلِلَّذِينَ كَفَرُواْ بِرَبِّهِمۡ عَذَابُ جَهَنَّمَ وَبِئۡسَ ٱلۡمَصِيرُ ٦

❻ Kuwa Rabbigooda ka gaaloobay waxa ay leeyihiin, cadaabta Jahannama, iyadaana u xun meel loo laabto.

إِذَآ أُلۡقُواْ فِيهَا سَمِعُواْ لَهَا شَهِيقًا وَهِىَ تَفُورُ ٧

❼ Marka iyaga lagu tuuro, (Jahannama) dhexdeeda, waxay ka maqlayaan guux, iyada oo karkaraysa.

تَكَادُ تَمَيَّزُ مِنَ ٱلۡغَيۡظِ كُلَّمَآ أُلۡقِىَ فِيهَا فَوۡجٌ سَأَلَهُمۡ خَزَنَتُهَآ أَلَمۡ يَأۡتِكُمۡ نَذِيرٌ ٨

❽ Waxa ay (Jahannami) ku siganaysaa in ay ciil iyo cadho la googo'do. Mar kasta oo koox lagu dhex tuuro, waxa ay waardiyeyaasheedu waydiinayaan: *"Waar miyaanu idiin iman qof idiin digaa"*?

قَالُوا بَلَىٰ قَدْ جَآءَنَا نَذِيرٌ فَكَذَّبْنَا وَقُلْنَا مَا نَزَّلَ ٱللَّهُ مِن شَىْءٍ إِنْ أَنتُمْ إِلَّا فِى ضَلَٰلٍ كَبِيرٍ ۝

9 Markaasay dhihi "Mayee, wuu noo yimid, mid noo digaa ee waannu beeninnay oo ku dhahnay: "Waxba soomuu dejin Ilaahay. Idinkuna (adiga iyo jaadkaagu) kuma socotaan wax aan baadinnimo weyn, ahayn".

وَقَالُوا لَوْ كُنَّا نَسْمَعُ أَوْ نَعْقِلُ مَا كُنَّا فِىٓ أَصْحَٰبِ ٱلسَّعِيرِ ۝

10 (Mar kalena), waxay dhihi: "Haddii aannu wax maqli lahayn ama wax fahmi lahayn, kama aannu tirsanaanneen reer Saciira.

فَٱعْتَرَفُوا بِذَنۢبِهِمْ فَسُحْقًا لِّأَصْحَٰبِ ٱلسَّعِيرِ ۝

11 Waxay qirteen dembigoodii ee haddaba (cadaabta) ha ku fogaadeen reer Saciira.

إِنَّ ٱلَّذِينَ يَخْشَوْنَ رَبَّهُم بِٱلْغَيْبِ لَهُم مَّغْفِرَةٌ وَأَجْرٌ كَبِيرٌ ۝

12 Kuwa, ka cabsanaya Rabbigood -iyaga oon u jeedin-, waxay helayaan dembi-dhaaf iyo ajar weyn.

وَأَسِرُّوا قَوْلَكُمْ أَوِ ٱجْهَرُوا بِهِ إِنَّهُ عَلِيمٌ بِذَاتِ ٱلصُّدُورِ ۝

13 Hoos u hadla ama kor u hadla, Ilaahay wuu ogyahay, wixii niyadda lagu hayo e.

أَلَا يَعْلَمُ مَنْ خَلَقَ وَهُوَ ٱللَّطِيفُ ٱلْخَبِيرُ ۝

14 Miyaanu (sir iyo caadba) ogeyn, ka wax abuuray, isagoo ah ka waxyaabaha cilmigoodu qarsoonyahay si dhibirsan u maareeya ee xog-ogaalka ah.

هُوَ ٱلَّذِى جَعَلَ لَكُمُ ٱلْأَرْضَ ذَلُولًا فَٱمْشُوا فِى مَنَاكِبِهَا وَكُلُوا مِن رِّزْقِهِ وَإِلَيْهِ ٱلنُّشُورُ ۝

15 Isagu waa ka dhulka idiinka dhigay, wax sahlan oo deggan. Markaa socda dacalladiisa oo wax ka cuna risiqiisa. Xaggiisa ayaana loo noqonayaa.

ءَأَمِنتُم مَّن فِى ٱلسَّمَآءِ أَن يَخْسِفَ بِكُمُ ٱلْأَرْضَ فَإِذَا هِىَ تَمُورُ ۝

16 Ma ka cabsi la'dihiin, in ka idinka sarreeyaa uu idinla gooyo dhulka oo markaaba uu idinla gebidhacleeyo.

أَمْ أَمِنتُم مَّن فِى ٱلسَّمَآءِ أَن يُرْسِلَ عَلَيْكُمْ حَاصِبًا فَسَتَعْلَمُونَ كَيْفَ نَذِيرِ ۝

17 Mise waxaad ka cabsi la'dihiin, in ka idinka sarreeyaaa uu idinku soo daayo dabayl dhagax leh. Markaana waxaad ogaan doontaan, sida ay digniintaydu tahay.

وَلَقَدْ كَذَّبَ ٱلَّذِينَ مِن قَبْلِهِمْ فَكَيْفَ كَانَ نَكِيرِ ۝

18 Dhab ahaan, waay beeniyeen (xaqa) kuwii ka horreeyey (qoladan reer Maka), markaa sidee bay noqotay ciqaabtaydii.

أَوَلَمْ يَرَوْا إِلَى ٱلطَّيْرِ فَوْقَهُمْ صَٰٓفَّٰتٍ وَيَقْبِضْنَ مَا يُمْسِكُهُنَّ إِلَّا ٱلرَّحْمَٰنُ إِنَّهُ بِكُلِّ شَىْءٍ بَصِيرٌ ۝

19 Miyaaney arkaynin shimbiraha korkooda (duulaya), iyagoo ay baalashu u fidsanyihiin, soona qabqabanaya. Ilaaha Raxmaanka ah mooyaane cid kale kama celinayso (in ay soo dhacaan). Isagu wax walba wuu arkayaa.

أَمَّنْ هَٰذَا ٱلَّذِى هُوَ جُندٌ لَّكُمْ يَنصُرُكُم مِّن دُونِ ٱلرَّحْمَٰنِ ۚ إِنِ ٱلْكَٰفِرُونَ إِلَّا فِى غُرُورٍ ﴿٢٠﴾

20 Waa ayo ka idiin ah ciidan ee idiin gargaaraya Ilaahay sokadii. Gaaladu wax aan luggooyo ahayn, kuma sugna.

أَمَّنْ هَٰذَا ٱلَّذِى يَرْزُقُكُمْ إِنْ أَمْسَكَ رِزْقَهُۥ ۚ بَل لَّجُّوا۟ فِى عُتُوٍّ وَنُفُورٍ ﴿٢١﴾

21 Waa ayo ka idin arsaaqayaa, haddii uu (Alle) ceshado risiqiisa? Waa bay (ka sii dareen) oo ku adkaysteen xadgudub iyo firdhasho.

أَفَمَن يَمْشِى مُكِبًّا عَلَىٰ وَجْهِهِۦٓ أَهْدَىٰٓ أَمَّن يَمْشِى سَوِيًّا عَلَىٰ صِرَٰطٍ مُّسْتَقِيمٍ ﴿٢٢﴾

22 Ma qof madaxa ku soconaya, ayaa hanuunsan mise qof saani u soconaya jid qumman?

قُلْ هُوَ ٱلَّذِىٓ أَنشَأَكُمْ وَجَعَلَ لَكُمُ ٱلسَّمْعَ وَٱلْأَبْصَٰرَ وَٱلْأَفْـِٔدَةَ ۖ قَلِيلًا مَّا تَشْكُرُونَ ﴿٢٣﴾

23 Waxa aad (Nebi Allow!) dhahdaa:" "Isagu waa ka idin curiyey (idinka oon jirin) ee idiin yeelay maqalka, aragga iyo garaadka. Waxaa yar oo yar inta aad mahadnaqaysaan."

قُلْ هُوَ ٱلَّذِى ذَرَأَكُمْ فِى ٱلْأَرْضِ وَإِلَيْهِ تُحْشَرُونَ ﴿٢٤﴾

24 Waxa aad (Nebi Allow!) tidhaahdaa: "Isagu waa ka idinku faafiyey (idinku abuuray) dhulka, waxaana la idiin soo ururin doonaa xaggiisa (si la idiin abaalmariyo)."

وَيَقُولُونَ مَتَىٰ هَٰذَا ٱلْوَعْدُ إِن كُنتُمْ صَٰدِقِينَ ﴿٢٥﴾

25 Waxa ay dhahayaan: "Waa goorma ballankan (qiyaamuhu), haddii aad run sheegaysaan"

قُل إِنَّمَا ٱلْعِلْمُ عِندَ ٱللَّهِ وَإِنَّمَآ أَنَا۠ نَذِيرٌ مُّبِينٌ ﴿٢٦﴾

26 Ku dheh (Nebi Allow!): "Ilaahay uun baa og amminta qiyaamaha, aniguna waxaan ahay uun, dige uu warkiisu cadyahay."

فَلَمَّا رَأَوْهُ زُلْفَةً سِيٓـَٔتْ وُجُوهُ ٱلَّذِينَ كَفَرُوا۟ وَقِيلَ هَٰذَا ٱلَّذِى كُنتُم بِهِۦ تَدَّعُونَ ﴿٢٧﴾

27 Markii ay arkeen (wixii loo ballanqaaday) oo u dhow, waxaa si xun isu beddelay wejiyadii kuwa gaaloobey. Markaa waxaa lagu yidhi: "Kani waa kii aad dalban jirteen (ee u adkaysta)".

قُلْ أَرَءَيْتُمْ إِنْ أَهْلَكَنِىَ ٱللَّهُ وَمَن مَّعِىَ أَوْ رَحِمَنَا فَمَن يُجِيرُ ٱلْكَٰفِرِينَ مِنْ عَذَابٍ أَلِيمٍ ﴿٢٨﴾

28 Waxa aad (Nebi Allow!) ku tidhaa: Bal ka warrama haddii uu Alle i halaago aniga iyo cidda ila jirta amaba uu noo naxariisto, bal yaa haddaba gaalada ka nabadgelinaya cadaab xanuun kulul.

قُلْ هُوَ ٱلرَّحْمَٰنُ ءَامَنَّا بِهِۦ وَعَلَيْهِ تَوَكَّلْنَا ۖ فَسَتَعْلَمُونَ مَنْ هُوَ فِى ضَلَٰلٍ مُّبِينٍ ﴿٢٩﴾

29 Waxa aad (Nebi Allow!) ku dhahdaa: Isagu waa Allaha Raxmaanka ah. Waannu rumaynay oo tala saarannay. Markaa waad ogaan doontaan cidda ku sugan baadinnimo cad.

قُلْ أَرَءَيْتُمْ إِنْ أَصْبَحَ مَآؤُكُمْ غَوْرًا فَمَن يَأْتِيكُم بِمَآءٍ مَّعِينٍ ﴿٣٠﴾

30 Waxa aad (Nebi Allow!) ku dhahdaa: bal ka warrama haddii ay biyihiinnu noqdaan qaar gudha, markaa yaa idiin keenaya biyo durduraya?

Qalinka

Waa suurad Maki ah marka laga reebo dhawr meelood. Waa suuradda 68aad ee musxafka. Waxa ay ka koobantahay 52 aayadood, 300 oo erey iyo 1256 xaraf. Waa suuraddii 4aad ee soo degta. Waxay ku xigtay suuradda Al-Musammil, iyadana waxaa ku xigtay suuradda Al-faatixa.

Faahfaahin 2:

Aayadda 42aad ee suuratul-Qalam`, waxa ku jira hawraarta (يوم يكشف عن ساق) oo macneheedu yahay: "Maalin la faydi doono kub". Ujeeddada kubka la faydayo Eebbe uun baa og balse culimada tafsiirku, waxa ay u macneeyeen laba siyood oo kala duwan. 1- Qolo waxa ay yidhaahdeen, sidaa aynu ku dhaafno oo dhahno, kub ayaa la faydi, markaas ayaa la amri dadka in ay sujuudaan. Taasi waxa ay u daliishadeen xadiis ku jira Bukhaari iyo Muslim oo uu nebiga (NNKHA) ka soo wariyey Abuu Saciid Al-khudri RC. Aayaddan 42aad iyo xadiiskaas ayey isku fasireen. 2- Qolada kalena waxa ay yidhaahdeen waxaa la faydi dhibaato iyo kadeed oo waxaa dhici tafaxaydasho iyo culays dheeraad ah oo dadka la soo dersi doona. Taas waxa ay daliishadeen luqadda Carbeed oo marka xaaladdu adkaato lagu cabbiro (كَشِف عن ساق) oo ka dhigan xaaladdii way adkaatay.

Faahfaahin 3:

Suuraddan Al-Qalam, waxaa ku xusan laba qiso oo sabirka iyo sadaqadda ina xasuusinaya. Midi waa qisada qoyskii beerta lahaa ee ku heshiiyey bakhaylnimada isla markaana illoobey xuska Alle iyo wixii ku dhacay. Qisada kale waa qisadii Nebi Yoonis CS markii qoomkiisu ka diideen dacwadda ee uu ka duday. In uu u samri waayey qoomkiisa, waxa ay keentay ciqaab ah in lagu tuuro afkii nibiriga.

Qalinka سورة القلم

بِسْمِ اللَّهِ الرَّحْمَٰنِ الرَّحِيمِ

Waxaan ku bilaabayaa magaca Eebbe. Eebbaha naxariis badan oo guud naxariista. Eebbaha naxariis badan oo gaar ahaaneed naxariista.

ن وَالْقَلَمِ وَمَا يَسْطُرُونَ ﴿١﴾

❶ NUUN. Waxaan ku dhaaranayaa, qalinka iyo waxa ay qorayaan (kuwa wax qoraa) e:

مَا أَنتَ بِنِعْمَةِ رَبِّكَ بِمَجْنُونٍ ﴿٢﴾

❷ Adigu, ma tihid qof waalan, -Ilaahay galladdiisa awgeed-.

وَإِنَّ لَكَ لَأَجْرًا غَيْرَ مَمْنُونٍ ﴿٣﴾

❸ Waxaadna leedahay ajar aan go'ayn.

وَإِنَّكَ لَعَلَىٰ خُلُقٍ عَظِيمٍ ﴿٤﴾

❹ Oo waxaad leedahay dhaqan aad u wanaagsan.

فَسَتُبْصِرُ وَيُبْصِرُونَ ﴿٥﴾

❺ Markaa waad arki doontaa, iyaguna waa ay arki doonaan:

بِأَيِّيكُمُ الْمَفْتُونُ ﴿٦﴾

❻ Labadiinna (adiga iyo gaalada) midka waalan.

إِنَّ رَبَّكَ هُوَ أَعْلَمُ بِمَن ضَلَّ عَن سَبِيلِهِ وَهُوَ أَعْلَمُ بِالْمُهْتَدِينَ ﴿٧﴾

❼ Rabbigaagu, isagaa og, qofka ka lumay Jidka xaqa ah, isaga ayaana og, kuwa hanuunsan.

فَلَا تُطِعِ الْمُكَذِّبِينَ ﴿٨﴾

❽ Markaa, ha addeecin kuwa beeninaya (Ilaahay iyo rasuulkiisa)

وَدُّوا لَوْ تُدْهِنُ فَيُدْهِنُونَ ﴿٩﴾

❾ Waxa ay jeclaan lahaayeen in aad u soo debecdo si ay iyaguna markaa (kuugu) soo debcaan.

وَلَا تُطِعْ كُلَّ حَلَّافٍ مَّهِينٍ ﴿١٠﴾

❿ Ha addeecin mid kasta oo dhaar badan oo liita.

هَمَّازٍ مَّشَّاءٍ بِنَمِيمٍ ﴿١١﴾

⓫ Kaas oo ah xan badane diradiraalenimo la wareega.

مَنَّاعٍ لِّلْخَيْرِ مُعْتَدٍ أَثِيمٍ ﴿١٢﴾

⓬ Kaas oo wanaagga ku bakhayla oo (dadka) ku xadgudba, (Ilaahayna) u gefa.

عُتُلٍّ بَعْدَ ذَٰلِكَ زَنِيمٍ ﴿١٣﴾

⓭ Kaas oo ah macangag ay intaa u dheertahay xumaan uu ku caanbaxay.

أَن كَانَ ذَا مَالٍ وَبَنِينَ ﴿١٤﴾

⓮ (Qofka sifooyinkaas leh, ha u addeecin) in uu yahay maalqabeen ubad badan, darteed.

إِذَا تُتۡلَىٰ عَلَيۡهِ ءَايَٰتُنَا قَالَ أَسَٰطِيرُ ٱلۡأَوَّلِينَ ﴿١٥﴾

15 Haddii lagu dul akhriyo aayadahayaga, wuxuu dhahayaa: *"waa sheekabaraley laga soo qaatay dadkii hore"*

سَنَسِمُهُۥ عَلَى ٱلۡخُرۡطُومِ ﴿١٦﴾

16 Sanka ayaannu ka calaamadin (waannu sandullayn)

إِنَّا بَلَوۡنَٰهُمۡ كَمَا بَلَوۡنَآ أَصۡحَٰبَ ٱلۡجَنَّةِ إِذۡ أَقۡسَمُواْ لَيَصۡرِمُنَّهَا مُصۡبِحِينَ ﴿١٧﴾

17 Annagu, waannu itixaannay (reer Maka) sidii aannu u itixaannay kuwii beerta lahaa; markii ay isku dhaarsadeen (ku ballameen) in ay beertooda goostaan waaberiga hore.

وَلَا يَسۡتَثۡنُونَ ﴿١٨﴾

18 Waxbana umay reebin Alle oo ma ay odhan "Inshaa Allaah".

فَطَافَ عَلَيۡهَا طَآئِفٌ مِّن رَّبِّكَ وَهُمۡ نَآئِمُونَ ﴿١٩﴾

19 Markaa waxaa beertii miray, belo wax mirta oo xagga Rabbi ka timid, iyaga oo hurda.

فَأَصۡبَحَتۡ كَٱلصَّرِيمِ ﴿٢٠﴾

20 Markaasay noqotay, wax la goostay oo kale.

فَتَنَادَوۡاْ مُصۡبِحِينَ ﴿٢١﴾

21 Dabadeed way is wacwaceen, markii uu waagu u baryey,

أَنِ ٱغۡدُواْ عَلَىٰ حَرۡثِكُمۡ إِن كُنتُمۡ صَٰرِمِينَ ﴿٢٢﴾

22 (Iyaga oo isku dhahaya): "Ku kallaha (ku jarmaada) dalaggiinnii, haddii aad goosanaysaan".

فَٱنطَلَقُواْ وَهُمۡ يَتَخَٰفَتُونَ ﴿٢٣﴾

23 Markaas waa ay tageen, iyaga oo ku xanshashaqaya:

أَن لَّا يَدۡخُلَنَّهَا ٱلۡيَوۡمَ عَلَيۡكُم مِّسۡكِينٌ ﴿٢٤﴾

24 "Waa in aanu maanta, idiinku soo gelin beerta, qof miskiin ahi".

وَغَدَوۡاْ عَلَىٰ حَرۡدٍ قَٰدِرِينَ ﴿٢٥﴾

25 Waxay la jarmaadeen (ujeeddo) dhabcaalnimo ah oo ay awoodayeen.

فَلَمَّا رَأَوۡهَا قَالُوٓاْ إِنَّا لَضَآلُّونَ ﴿٢٦﴾

26 Mar alla markii ay arkeen beertii (oo baaba'day), ayey dhaheen: "Waa aynu soo qaldannay".

بَلۡ نَحۡنُ مَحۡرُومُونَ ﴿٢٧﴾

27 Mayee, waxa aynu nahay duul hungoobay.

قَالَ أَوۡسَطُهُمۡ أَلَمۡ أَقُل لَّكُمۡ لَوۡلَا تُسَبِّحُونَ ﴿٢٨﴾

28 Koodii ugu doorka roonaa, ayaa dhahay: "Miyaanan idinku odhan, Waar ilaahay maad ka yaabtaan oo u tasbiixsataan".

قَالُواْ سُبۡحَٰنَ رَبِّنَآ إِنَّا كُنَّا ظَٰلِمِينَ ﴿٢٩﴾

29 Waxa ay dhaheen: "Rabbigeen ceeb ma lehee, innagaa, daallimiin ahayn"

إِن لَّكُمْ فِيهِ لَمَا تَخَيَّرُونَ ﴿٣٨﴾

38 In aad helaysaan wixii aad doorataan (ee barwaaqo ah)?

أَمْ لَكُمْ أَيْمَٰنٌ عَلَيْنَا بَٰلِغَةٌ إِلَىٰ يَوْمِ ٱلْقِيَٰمَةِ إِنَّ لَكُمْ لَمَا تَحْكُمُونَ ﴿٣٩﴾

39 Mise waxaa idiin sugnaaday axdi aad nala gasheen oo ilaa Qiyaamaha jiraya oo ah in aad leedihiin wixii aad idinku xukuntaan?

سَلْهُمْ أَيُّهُم بِذَٰلِكَ زَعِيمٌ ﴿٤٠﴾

40 Bal iyaga waydii, qofka arrintaa wakiilka uga ah

أَمْ لَهُمْ شُرَكَآءُ فَلْيَأْتُوا۟ بِشُرَكَآئِهِمْ إِن كَانُوا۟ صَٰدِقِينَ ﴿٤١﴾

41 Mise waxaa ay leeyihiin Ilaahyo, shuraako la ah Eebbe? Markaa bal ha keenaan kuwa ay shuraakada kala dhigeen Eebbe, haddii ay run sheegayaan.

يَوْمَ يُكْشَفُ عَن سَاقٍ وَيُدْعَوْنَ إِلَى ٱلسُّجُودِ فَلَا يَسْتَطِيعُونَ ﴿٤٢﴾

42 (Nebi Allow! xasuusi), maalin la feydi doono "kub" oo loogu yeedhi, in ay sujuudaan, balse aanay awoodi doonin.

خَٰشِعَةً أَبْصَٰرُهُمْ تَرْهَقُهُمْ ذِلَّةٌ وَقَدْ كَانُوا۟ يُدْعَوْنَ إِلَى ٱلسُّجُودِ وَهُمْ سَٰلِمُونَ ﴿٤٣﴾

43 (Waxa la wici) Iyaga oo ilgo'san oo uu dulli saaranyahay. Waxay ahaan jireen (markii ay noolaayeen), kuwo loogu yeedho sujuudda iyaga oo bedqaba.

فَأَقْبَلَ بَعْضُهُمْ عَلَىٰ بَعْضٍ يَتَلَٰوَمُونَ ﴿٣٠﴾

30 Markaas ayey isku soo jeesteen, iyaga oo iscanaananaya.

قَالُوا۟ يَٰوَيْلَنَآ إِنَّا كُنَّا طَٰغِينَ ﴿٣١﴾

31 Waxay yidhaahdeen: "Waynnagaa ba'naye, waxaynu ahayn qaar xadgudbey"

عَسَىٰ رَبُّنَآ أَن يُبْدِلَنَا خَيْرًا مِّنْهَآ إِنَّآ إِلَىٰ رَبِّنَا رَٰغِبُونَ ﴿٣٢﴾

32 Rabbigeennu waa uu awoodaa in uu beerteennii inoogu beddelo beer ka wanaagsan. Innaguna xagga Rabbigeen ayeynu u muhanaynaa.

كَذَٰلِكَ ٱلْعَذَابُ وَلَعَذَابُ ٱلْآخِرَةِ أَكْبَرُ لَوْ كَانُوا۟ يَعْلَمُونَ ﴿٣٣﴾

33 Cadaabtu waa tabtaa. Cadaabta Aakhiro ayaana ka sii weyn, hadddii ay wax ogaan lahaayeen.

إِنَّ لِلْمُتَّقِينَ عِندَ رَبِّهِمْ جَنَّٰتِ ٱلنَّعِيمِ ﴿٣٤﴾

34 Kuwa Alle-yaqaanka ah ee iska ilaaliya dembiyada, waxa ay Alle agtiisa ku leeyihiin, jannooyinka barwaaqada.

أَفَنَجْعَلُ ٱلْمُسْلِمِينَ كَٱلْمُجْرِمِينَ ﴿٣٥﴾

35 Ma muslimiinta ayaannu ka yeeli sida dembiileyaasha?

مَا لَكُمْ كَيْفَ تَحْكُمُونَ ﴿٣٦﴾

36 Waa idin sidee, sidan aad wax u xukumaysaan?

أَمْ لَكُمْ كِتَٰبٌ فِيهِ تَدْرُسُونَ ﴿٣٧﴾

37 Mise waxa aad haysataan kitaab (Alle) oo aad isaga ka barataan:

فَذَرْنِى وَمَن يُكَذِّبُ بِهَٰذَا ٱلْحَدِيثِ سَنَسْتَدْرِجُهُم مِّنْ حَيْثُ لَا يَعْلَمُونَ ﴿٤٤﴾

44 Haddaba, isu kaayo daa -aniga- iyo, cidda beeninaysa, kitaabkan. Waannu u gogol badin oo tartiib tartiib uga takhallusi iyaga oo aan ka warqabin e.

وَأُمْلِى لَهُمْ إِنَّ كَيْدِى مَتِينٌ ﴿٤٥﴾

45 Waanan u kaadin oo u cimri-dheerayn (qabashadooda). Tabtaydu waa tu adag e.

أَمْ تَسْـَٔلُهُمْ أَجْرًا فَهُم مِّن مَّغْرَمٍ مُّثْقَلُونَ ﴿٤٦﴾

46 Ma waxa aad waydiisatay dhaqaale oo qaantii ayaa ku cuslaaatay?

أَمْ عِندَهُمُ ٱلْغَيْبُ فَهُمْ يَكْتُبُونَ ﴿٤٧﴾

47 Mise cimulqaybka ayaa agyaal oo ay (wax ka) qorayaan?

فَٱصْبِرْ لِحُكْمِ رَبِّكَ وَلَا تَكُن كَصَاحِبِ ٱلْحُوتِ إِذْ نَادَىٰ وَهُوَ مَكْظُومٌ ﴿٤٨﴾

48 Ku Samir xukunka Rabbigaa (ee ah in degdeg loo ciqaabi waayey

mushrikiinta) oo ha noqon sidii nebigii uu nibirigu liqay ee dhawaaqay isaga oo sirirsan (waa Nebi Yoonis e).

لَّوْلَآ أَن تَدَارَكَهُ نِعْمَةٌ مِّن رَّبِّهِ لَنُبِذَ بِٱلْعَرَآءِ وَهُوَ مَذْمُومٌ ﴿٤٩﴾

49 Haddii aanay nimcada Rabbigii, soo haleeli lahayn, waxaa lagu tuuri lahaa meel ban ah, isaga oo eedaysan.

فَٱجْتَبَٰهُ رَبُّهُ فَجَعَلَهُ مِنَ ٱلصَّٰلِحِينَ ﴿٥٠﴾

50 Ee Rabbigiisa ayaa doortay oo ku daray liiska dadka wanaagsan.

وَإِن يَكَادُ ٱلَّذِينَ كَفَرُوا لَيُزْلِقُونَكَ بِأَبْصَٰرِهِمْ لَمَّا سَمِعُوا ٱلذِّكْرَ وَيَقُولُونَ إِنَّهُ لَمَجْنُونٌ ﴿٥١﴾

51 Waxa ay ku sigteen kuwa gaaloobey, in ay kugu legdaan indhahooda (cadaawad darteed), markii ay maqleen akhriska Quraanka. Waxaanay dhahayaan "Waa uu waalanyahay isagu".

وَمَا هُوَ إِلَّا ذِكْرٌ لِّلْعَٰلَمِينَ ﴿٥٢﴾

52 Ma se aha Quraanku, wax aan waanada adduunka ahayn.

Dhab-kayeesho

Al-xaaqa waa suurad Maki ah. Waa suuradda 69aad ee musxafka. Waxa ay ka koobantahay 52 aayadood, 256 erey iyo 1480 xaraf. Waa suuraddii 78aad ee soo degta. Waxay ku xigtay suuradda Al-Mulki, iyadana waxaa ku xigtay suuradda Al-macaarij.

Faahfaahin 4:

Suuraddan Al-xaaqa waxaa ku xusan; Qiyaamaha, is abaalmarinta, Quraanka iyo dhawr qiso. Qisooyinka lagu tibaaxay waxaa ka mid ah: 1- Qisadii Nebi Nuux CS, 2- Qisadii reer Caad oo ah qoomkii Nebi Huud 3- Qisadii reer Samuud oo ah qoomkii Nebi Saalax 4- Qisadii Fircoon iyo 5- Qisada Qoomkii Nebi Luud.

Dhab-kayeesho سورة الحاقة

بِسْمِ اللَّهِ الرَّحْمَنِ الرَّحِيمِ

Waxaan ku bilaabayaa magaca Eebbe. Eebbaha naxariis badan oo guud naxariista. Eebbaha naxariis badan oo gaar ahaaneed naxariista.

الْحَاقَّةُ ۝

❶ Dhabkayeeshada (xaqiiqayso).

مَا الْحَاقَّةُ ۝

❷ Maxay tahay dhabkayeeshadu?

وَمَا أَدْرَاكَ مَا الْحَاقَّةُ ۝

❸ Oo maxaa ku ogeysiiyey, waxa ay tahay dhabkayeeshadu?

كَذَّبَتْ ثَمُودُ وَعَادٌ بِالْقَارِعَةِ ۝

❹ Reer Samuud iyo reer Caadba, waa ay beeniyeen, ta (qalbiyada) garaacda.

فَأَمَّا ثَمُودُ فَأُهْلِكُوا بِالطَّاغِيَةِ ۝

❺ Markaa reer Samuud, waxaa lagu halaagey qaylo xadka dhaaftay.

وَأَمَّا عَادٌ فَأُهْلِكُوا بِرِيحٍ صَرْصَرٍ عَاتِيَةٍ ۝

❻ Reer Caadna, waxaa lagu halaagay dabayl qabow badan oo aad u dhabanaysa (qaylo badan).

سَخَّرَهَا عَلَيْهِمْ سَبْعَ لَيَالٍ وَثَمَانِيَةَ أَيَّامٍ حُسُومًا فَتَرَى الْقَوْمَ فِيهَا صَرْعَى كَأَنَّهُمْ أَعْجَازُ نَخْلٍ خَاوِيَةٍ ۝

❼ Dabayshaas, waxa uu (Alle), ku salliday iyaga, toddoba habeen iyo siddeed maalmood oo xiriir ah.

Markaas waxa aad arkaysaa dadkii oo daadsan oo la moodo jirrido geed-timireed oo daldaloola (madhan).

فَهَلْ تَرَى لَهُم مِّن بَاقِيَةٍ ۝

❽ Haddaba miyaad arkaysaa, wax iyagii ka jooga (cid ka hadhay)?

وَجَاءَ فِرْعَوْنُ وَمَن قَبْلَهُ وَالْمُؤْتَفِكَاتُ بِالْخَاطِئَةِ ۝

❾ Waxaana yimid Fircoon iyo kuwii ka horreeyey iyo qoomkii xagga kale loo rogay markii la halaagayey (Reer Luud) oo la yimid camalkii gefka ahaa.

فَعَصَوْا رَسُولَ رَبِّهِمْ فَأَخَذَهُمْ أَخْذَةً رَّابِيَةً ۝

❿ Markaa waxa ay diideen rasuulkii uu Rabbigood u soo diray, markaasuu qabtay, qabasho-ciqaabeed daran oo dheeraad ah.

إِنَّا لَمَّا طَغَا الْمَاءُ حَمَلْنَاكُمْ فِي الْجَارِيَةِ ۝

⓫ Annagu, markii ay biyihii (duufaanku) xad-dhaafeen, waxa aannu idinku qaadnay (dadow) guradii doonta.

لِنَجْعَلَهَا لَكُمْ تَذْكِرَةً وَتَعِيَهَا أُذُنٌ وَاعِيَةٌ ۝

⓬ Si aannu uga yeelno (dhacdadaas iyo saamaynteeda) wax aad ku cibro-qaadataan, waxaase wax weelaysa (fahanta) dhegtii waano qaadanaysa.

فَإِذَا نُفِخَ فِى ٱلصُّورِ نَفْخَةٌ وَاحِدَةٌ ۞١٣

13 Haddaba, marka la afuufo buunka, afuufid keli ah (suurta dambe ee Qiyaamaha),

وَحُمِلَتِ ٱلْأَرْضُ وَٱلْجِبَالُ فَدُكَّتَا دَكَّةً وَاحِدَةً ۞١٤

14 Ee kor loo qaado dhulka iyo buuraha ee mar keliya la burburiyo, burburin (weyn).

فَيَوْمَئِذٍ وَقَعَتِ ٱلْوَاقِعَةُ ۞١٥

15 Maalintaas ayey dhacaysaa, tii dhici lahayd (yoomal-qiyaamihi)

وَٱنشَقَّتِ ٱلسَّمَآءُ فَهِىَ يَوْمَئِذٍ وَاهِيَةٌ ۞١٦

16 Waxaana dildillaaci doona samada oo maalintaa noqonaysa wax jilicsan.

وَٱلْمَلَكُ عَلَىٰ أَرْجَآئِهَا وَيَحْمِلُ عَرْشَ رَبِّكَ فَوْقَهُمْ يَوْمَئِذٍ ثَمَانِيَةٌ ۞١٧

17 Malaa'igtuna waxa ay joogayaan (samada) hareeraheeda. Carshiga Rabbigaana waxaa maalintaa korka ku sida siddeed (malaa'ig ah)

يَوْمَئِذٍ تُعْرَضُونَ لَا تَخْفَىٰ مِنكُمْ خَافِيَةٌ ۞١٨

18 Maalintaas waa la idin soo bandhigayaa, iyada oo aanu qarsoomahayn, wax (idinku saabsan oo) qarsoonaan jiray.

فَأَمَّا مَنْ أُوتِىَ كِتَٰبَهُ بِيَمِينِهِ فَيَقُولُ هَآؤُمُ ٱقْرَءُوا كِتَٰبِيَهْ ۞١٩

19 Haddaba qofkii kitaabkiisa laga siiyo gacanta midig, waxa uu dhihi (isaga oo faraxsan): "Waar kaalaya oo bal akhriya kitaabkayga".

إِنِّى ظَنَنتُ أَنِّى مُلَٰقٍ حِسَابِيَهْ ۞٢٠

20 Anigu waan yaqiinsaday in aan la kulmayo, abaalgudkii camalkayga e.

فَهُوَ فِى عِيشَةٍ رَّاضِيَةٍ ۞٢١

21 Markaa isagu, waxa uu geli doonaa, nolol raalli gelisa.

فِى جَنَّةٍ عَالِيَةٍ ۞٢٢

22 Janno aad u heer sarraysa dhexdeeda.

قُطُوفُهَا دَانِيَةٌ ۞٢٣

23 (Jannadaas oo) ay midheheedu u dhawyihiin.

كُلُوا وَٱشْرَبُوا هَنِيٓئًا بِمَآ أَسْلَفْتُمْ فِى ٱلْأَيَّامِ ٱلْخَالِيَةِ ۞٢٤

24 (Waxaa lagu dhihi): shifo ku cuna oo ku cabba, wixii aad shaqaysateen, maalmihii aad adduunka joogteen.

وَأَمَّا مَنْ أُوتِىَ كِتَٰبَهُ بِشِمَالِهِ فَيَقُولُ يَٰلَيْتَنِى لَمْ أُوتَ كِتَٰبِيَهْ ۞٢٥

25 Qofkiise kitaabkiisa laga siiyo gacantiisa bidix, waxaa uu dhihi doonaa: "Alla hoogey oo ba'aye! maxaa kitaabkayga la ii siiyey".

وَلَمْ أَدْرِ مَا حِسَابِيَهْ ۞٢٦

26 Maxaa i ogeysiiyey, waxay tahay xisaabtaydu (Alla! maa la iga qariyo).

يَٰلَيْتَهَا كَانَتِ ٱلْقَاضِيَةَ ۞٢٧

27 Alla qoomamooy kaalay! May wax waliba ku dhammaadaan dhimashadii hore!

لَا يَأْكُلُهُۥٓ إِلَّا ٱلْخَٰطِـُٔونَ ﴿٣٧﴾

37 Kaas oo aanay cuni doonin cid kale, dembiileyaasha mooyaane.

فَلَآ أُقْسِمُ بِمَا تُبْصِرُونَ ﴿٣٨﴾

38 Waxa aan ku dhaaranayaa, wax kasta oo aad arkaysaan (oo abuurkayga ka mid ah).

وَمَا لَا تُبْصِرُونَ ﴿٣٩﴾

39 Iyo wixii aydaan arkaynin (ee uu Alle uun ogyahay) e:

إِنَّهُۥ لَقَوْلُ رَسُولٍ كَرِيمٍ ﴿٤٠﴾

40 Quraankan (idiinka warramaya Aakhiro) waa hadal uu soo gudbiyey rasuul sharaf lihi.

وَمَا هُوَ بِقَوْلِ شَاعِرٍ قَلِيلًا مَّا تُؤْمِنُونَ ﴿٤١﴾

41 Mana aha hadal laashin (gabyaa) ee waxaa iska yar inta aad wax rumaynaysaan.

وَلَا بِقَوْلِ كَاهِنٍ قَلِيلًا مَّا تَذَكَّرُونَ ﴿٤٢﴾

42 Mana aha hadal faaliye ee waxaa iska yar inta aad waano qaadanaysaan.

تَنزِيلٌ مِّن رَّبِّ ٱلْعَٰلَمِينَ ﴿٤٣﴾

43 Waa mid ka soo degay, xagga Rabbiga maamula adduunka.

وَلَوْ تَقَوَّلَ عَلَيْنَا بَعْضَ ٱلْأَقَاوِيلِ ﴿٤٤﴾

44 Haddii, uu naga sheegi lahaa, hadallo aannan u soo dhiibin.

لَأَخَذْنَا مِنْهُ بِٱلْيَمِينِ ﴿٤٥﴾

45 Waxa aannu ku qaban lahayn,

مَآ أَغْنَىٰ عَنِّى مَالِيَهْ ﴿٢٨﴾

28 Bal maxay ii tareen xoolahaygi (aan Aakhiro ka doortay).

هَلَكَ عَنِّى سُلْطَٰنِيَهْ ﴿٢٩﴾

29 Waxaa i dilay awooddaydii (ama aragtidaydii!)

خُذُوهُ فَغُلُّوهُ ﴿٣٠﴾

30 (Waxaa la dhihi): "*soo qabta oo jeebbeeya*" (gacmaha iyo luqunta isku xira)

ثُمَّ ٱلْجَحِيمَ صَلُّوهُ ﴿٣١﴾

31 Dabadeed, dhexgeliya Jaxiima.

ثُمَّ فِى سِلْسِلَةٍ ذَرْعُهَا سَبْعُونَ ذِرَاعًا فَٱسْلُكُوهُ ﴿٣٢﴾

32 Dabadeed, silsilad uu dhererkeedu yahay toddobaatan dhudhun, dhex geliya.

إِنَّهُۥ كَانَ لَا يُؤْمِنُ بِٱللَّهِ ٱلْعَظِيمِ ﴿٣٣﴾

33 Isagu waxa uu ahaan jiray, mid aan rumaynin Ilaaha weyn.

وَلَا يَحُضُّ عَلَىٰ طَعَامِ ٱلْمِسْكِينِ ﴿٣٤﴾

34 Oo aan dhiirrigelinin quudinta masaakiinta.

فَلَيْسَ لَهُ ٱلْيَوْمَ هَٰهُنَا حَمِيمٌ ﴿٣٥﴾

35 Markaa maanta, halkan kuma laha cid u naxda oo qaraabo ah.

وَلَا طَعَامٌ إِلَّا مِنْ غِسْلِينٍ ﴿٣٦﴾

36 Cuntana kuma laha (halkan) mililka ehlu-naarka mooyaane.

midigta (gacan adag).

ثُمَّ لَقَطَعْنَا مِنْهُ ٱلْوَتِينَ ﴿٤٦﴾

46 Dabadeed waxa aannu goyn lahayn, wadnaha garkiisa (halbawlaha).

فَمَا مِنكُم مِّنْ أَحَدٍ عَنْهُ حَٰجِزِينَ ﴿٤٧﴾

47 Mana jiro qof, idinka idinka mid ah oo naga celin karaa (qof ka badbaadin kara wixii aannu la maagno).

وَإِنَّهُۥ لَتَذْكِرَةٌ لِّلْمُتَّقِينَ ﴿٤٨﴾

48 Isagu (Quraanku) waa waano (ku socota) kuwa Alle-yaqaanka ah (mutaqiinta).

وَإِنَّا لَنَعْلَمُ أَنَّ مِنكُم مُّكَذِّبِينَ ﴿٤٩﴾

49 Annaguna waannu ognahay in ay qaarkiin, beeninayaan.

وَإِنَّهُۥ لَحَسْرَةٌ عَلَى ٱلْكَٰفِرِينَ ﴿٥٠﴾

50 Isagu (Quraanku) waxa uu qoomammo iyo ciil ku yahay kuwa gaalada ah.

وَإِنَّهُۥ لَحَقُّ ٱلْيَقِينِ ﴿٥١﴾

51 Isagu (Quraanku) waa xaq la hubo.

فَسَبِّحْ بِٱسْمِ رَبِّكَ ٱلْعَظِيمِ ﴿٥٢﴾

52 Haddaba ku tasbiixso magaca Rabbigaaga weyn (oo xumaan oo dhan ka huf).

قُرْآن

Sallaamada

Al-macaarij waa suurad Maki ah. Waa suuradda 70aad ee musxafka. Waxa ay ka koobantahay 44 aayadood, 216 erey iyo 861 xaraf. Waa suuraddii 79aad ee soo degta. Waxay ku xigtay suuradda Al-xaaqa, iyadana waxaa ku xigtay suuradda An-naba'.

Faahfaahin 5:

Suuraddan Al-macaarij bilawgeeda waxaa lagu xusay qof si jeesjees ugu ducaysanaya cadaabta Alle. Taas oo ka dhigan in aanu rumaysnayn. Ninkaa waxaa la odhan jiray An-nadar Binu Al-xaaris, waxaanu ahaa nin kula dagaallama Nebiga (NNKHA) sheekooyin iyo suugaan uu dadka dheeraa. Waxa uu odhan jiray, quraanku waa sheekooyin gaboobey oo la isu soo ururiyey. Waxa kale oo uu odhan jiray, aniguba waan samayn karaa quraankan oo kale. Aayaddan waxaa lagu fasiray aayadda 32aad ee suuradda Al-anfaal oo u dhigan sidan:

وَإِذْ قَالُوا اللَّهُمَّ إِن كَانَ هَٰذَا هُوَ الْحَقَّ مِنْ عِندِكَ فَأَمْطِرْ عَلَيْنَا حِجَارَةً مِّنَ السَّمَاءِ أَوِ ائْتِنَا بِعَذَابٍ أَلِيمٍ =

"Bal xus, markii ay dhaheen: Ilaahow haddii uu Quraankani xaq yahay, cirka nagaga soo daadi dhagxaan ama cadaab kulul nagu soo deji".
Qofkii hadalkaa xun yidhi, waa isla qofka suuraddan bilawgeeda lagu xusay, sida ay culimada tafsiirku sheegeen. Waxa uu ku dhintay dagaalkii Beder isaga oo nebiga (NNKHA) ka soo horjeeda.

Sallaamada — سورة المعارج

بِسْمِ ٱللَّهِ ٱلرَّحْمَٰنِ ٱلرَّحِيمِ

Waxaan ku bilaabayaa magaca Eebbe. Eebbaha naxariis badan oo guud naxariista. Eebbaha naxariis badan oo gaar ahaaneed naxariista.

سَأَلَ سَآئِلٌۢ بِعَذَابٍ وَاقِعٍ ﴿١﴾

1 Waxa uu ku ducaystay (jeesjees dartii) mid ducaystaa; cadaab iskaba iman doonta;

لِّلْكَٰفِرِينَ لَيْسَ لَهُۥ دَافِعٌ ﴿٢﴾

2 (Cadaabtaas oo ku dhici dooonta) gaalada, ma jirto cid celin kartaa.

مِّنَ ٱللَّهِ ذِى ٱلْمَعَارِجِ ﴿٣﴾

3 (Cadaabtaas oo ka imanaysa) Ilaahay xaggiisa. (Allaha) iska leh sarraynta xeesha dheer (iyo samooyinka la koro).

تَعْرُجُ ٱلْمَلَٰٓئِكَةُ وَٱلرُّوحُ إِلَيْهِ فِى يَوْمٍ كَانَ مِقْدَارُهُۥ خَمْسِينَ أَلْفَ سَنَةٍ ﴿٤﴾

4 Xaggiisa ayey u koraan malaa'igta iyo ruuxduba. (Cadaabtuna waxa ay imanaysaa) maalin u dhiganta konton kun oo sano (waa maalinta Qiyaame e).

فَٱصْبِرْ صَبْرًا جَمِيلًا ﴿٥﴾

5 Haddaba samir oo u adkayso (dhibkooda), samir wanaagsan.

إِنَّهُمْ يَرَوْنَهُۥ بَعِيدًا ﴿٦﴾

6 Iyagu waxay u arkaan maalintaas (oo ay moodayaan), wax fog

وَنَرَىٰهُ قَرِيبًا ﴿٧﴾

7 Annaguna waxaannu u aragnaa wax dhow (oo waan ogahay)

يَوْمَ تَكُونُ ٱلسَّمَآءُ كَٱلْمُهْلِ ﴿٨﴾

8 (Caadaabtu waxa ay ku dhici doontaa) maalin ay samadu noqon doonto sidii walax la dhalaaliyey (*sida saliid karkaraysa ama naxaas dhalaashay, ama bir la shubay*).

وَتَكُونُ ٱلْجِبَالُ كَٱلْعِهْنِ ﴿٩﴾

9 Oo ay buuruhu noqon doonaan sida suufka (dufka idaha).

وَلَا يَسْـَٔلُ حَمِيمٌ حَمِيمًا ﴿١٠﴾

10 Oo aanu qof qaraabo ahi waraysan doonin, qof kale oo qaraabadiisa ah.

يُبَصَّرُونَهُمْ يَوَدُّ ٱلْمُجْرِمُ لَوْ يَفْتَدِى مِنْ عَذَابِ يَوْمِئِذٍ بِبَنِيهِ ﴿١١﴾

11 Waa ay is arkayaan oo is aqoonsanayaan (qaraabadu). Qofka dambiilaha ahi, wuxuu jeclaanayaa in uu maalintaa cadaabkeeda iskaga furto ubadkiisa,

وَصَٰحِبَتِهِۦ وَأَخِيهِ ﴿١٢﴾

12 Iyo xaaskiisa iyo walaalkii.

وَفَصِيلَتِهِ ٱلَّتِى تُؤْوِيهِ ۝

13 Iyo qaraabadiisii soo dhaweyn jirtay.

وَمَن فِى ٱلْأَرْضِ جَمِيعًا ثُمَّ يُنجِيهِ ۝

14 Iyo cid kasta oo dhulka joogta, dabadeedna ay isfurashadaasi ka badbaadiso (cadaabta).

كَلَّآ إِنَّهَا لَظَىٰ ۝

15 Maya, -taasi waa ma dhacdo e, cadaabtu waa mid holac badan.

نَزَّاعَةً لِّلشَّوَىٰ ۝

16 Waa mid diiranaysa maqaarka.

تَدْعُوا۟ مَنْ أَدْبَرَ وَتَوَلَّىٰ ۝

17 Waxay u yeedhanaysaa qofkii ka dhabarjeediyey (diiday qaadashada xaqa) ee ka weji-dadbay (ka jeestay raaciddiisa).

وَجَمَعَ فَأَوْعَىٰٓ ۝

18 Ee urursaday (xoolo badan), markaana xaraystay (oo waxba ka bixin waayey).

إِنَّ ٱلْإِنسَٰنَ خُلِقَ هَلُوعًا ۝

19 Qofka Beni-aadanka ah waxaa la abuuray isaga oo ah madharge-mamman.

إِذَا مَسَّهُ ٱلشَّرُّ جَزُوعًا ۝

20 Oo haddii ay dhibaato taabato, argagax iyo walaac badan.

وَإِذَا مَسَّهُ ٱلْخَيْرُ مَنُوعًا ۝

21 Haddii uu wanaag taabtana, gacanadag oo bakhayl ah.

إِلَّا ٱلْمُصَلِّينَ ۝

22 Marka laga reebo kuwa salaad-saxa ah.

ٱلَّذِينَ هُمْ عَلَىٰ صَلَاتِهِمْ دَآئِمُونَ ۝

23 Kuwaas oo si joogto ah u tukada.

وَٱلَّذِينَ فِىٓ أَمْوَٰلِهِمْ حَقٌّ مَّعْلُومٌ ۝

24 Kuwaas oo ay xoolahooda ku jiraan, xuquuq qoondaysan:

لِّلسَّآئِلِ وَٱلْمَحْرُومِ ۝

25 (Xuquuqdaas oo ay leeyihiin) miskiinka tuugsada iyo ka dhawrsada labaduba.

وَٱلَّذِينَ يُصَدِّقُونَ بِيَوْمِ ٱلدِّينِ ۝

26 Kuwaas oo rumaysan (jiritaanka) maalinta Qiyaame.

وَٱلَّذِينَ هُم مِّنْ عَذَابِ رَبِّهِم مُّشْفِقُونَ ۝

27 Kuwaas oo ka sii cabsooda, cadaabta Rabbigood.

إِنَّ عَذَابَ رَبِّهِمْ غَيْرُ مَأْمُونٍ ۝

28 Ogobeey! Cadaabta Rabbigood, waa mid aan ka nabadgeliddeeda, la isku hallayn karin.

وَٱلَّذِينَ هُمْ لِفُرُوجِهِمْ حَٰفِظُونَ ۝

29 Kuwaas oo xubnahooda taranka, ka xakameeya (cid kasta).

إِلَّا عَلَىٰٓ أَزْوَٰجِهِمْ أَوْ مَا مَلَكَتْ أَيْمَٰنُهُمْ فَإِنَّهُمْ غَيْرُ مَلُومِينَ ۝

30 Marka laga reebo lammaanahooda

ama ciddii ay yeesheen oo iyaga lagu canaanan maayo taas.

فَمَنِ ٱبْتَغَىٰ وَرَآءَ ذَٰلِكَ فَأُوْلَٰٓئِكَ هُمُ ٱلْعَادُونَ ٣١

31 Ciddii intaa wax dhaafsiisan doontaa, waa kuwo xadgudbey.

وَٱلَّذِينَ هُمْ لِأَمَٰنَٰتِهِمْ وَعَهْدِهِمْ رَٰعُونَ ٣٢

32 (Dadka wanwanaagsani) waa kuwa ammaanadooda iyo ballankooda ilaaliya.

وَٱلَّذِينَ هُم بِشَهَٰدَٰتِهِمْ قَآئِمُونَ ٣٣

33 Kuwaas oo markhaatigooda (si xaq ah) u fura.

وَٱلَّذِينَ هُمْ عَلَىٰ صَلَاتِهِمْ يُحَافِظُونَ ٣٤

34 Kuwaas oo salaaddooda ilaaliya (*wakhtigeeda, shuruuddeeda, arkaanteeda, waajibaadkeeda iyo sunneyaasheeda*).

أُوْلَٰٓئِكَ فِى جَنَّٰتٍ مُّكْرَمُونَ ٣٥

35 Kuwaasi waxa ay geli jannooyin lagu maamuusi doono.

فَمَالِ ٱلَّذِينَ كَفَرُواْ قِبَلَكَ مُهْطِعِينَ ٣٦

36 Haddaba maxay kuwa gaalada ahi kuugu soo degdegayaan?

عَنِ ٱلْيَمِينِ وَعَنِ ٱلشِّمَالِ عِزِينَ ٣٧

37 Iyaga oo xagga midig iyo xagga bidix, raxan raxan (uga soo ururaya).

أَيَطْمَعُ كُلُّ ٱمْرِئٍ مِّنْهُمْ أَن يُدْخَلَ جَنَّةَ نَعِيمٍ ٣٨

38 Ma wuxuu qof kasta oo iyaga ka mid ahi doonayaa, in la (iska) geeyo, janno barwaaqo ah.

كَلَّآ إِنَّا خَلَقْنَٰهُم مِّمَّا يَعْلَمُونَ ٣٩

39 Maya, -taasi waa ma dhacdo e-, waxaannu ka abuurnay, wax ay ogyihiin (biyo yar baa laga abuuray. Meesha ay tegayaan iyo soo noolayntana Eebbaa ku shaqo leh).

فَلَآ أُقْسِمُ بِرَبِّ ٱلْمَشَٰرِقِ وَٱلْمَغَٰرِبِ إِنَّا لَقَٰدِرُونَ ٤٠

40 Rabbiga iska leh meelaha ay qorraxdu ka soo baxdo iyo meelaha ay u dhacdo, ayaan ku dhaartee, waannu awoodnaa.

عَلَىٰٓ أَن نُّبَدِّلَ خَيْرًا مِّنْهُمْ وَمَا نَحْنُ بِمَسْبُوقِينَ ٤١

41 In aannu ku beddelno (kuwan) qaar ka khayr badan, cidina nagama badin karto.

فَذَرْهُمْ يَخُوضُواْ وَيَلْعَبُواْ حَتَّىٰ يُلَٰقُواْ يَوْمَهُمُ ٱلَّذِى يُوعَدُونَ ٤٢

42 Haddaba (Nebiyoow), faraha ka qaad. Ha ku sii jireen (xumaanta) oo ha iska ciyaareen, ilaa ay la kulmayaan maalintooda lala ballamay.

يَوْمَ يَخْرُجُونَ مِنَ ٱلْأَجْدَاثِ سِرَاعًا كَأَنَّهُمْ إِلَىٰ نُصُبٍ يُوفِضُونَ ٤٣

43 Waa maalin ay ka soo bixi xabaalaha, iyagoo degdegsan oo la moodo in ay u qulqulayaan sanamyo meel laga qotomiyey.

خَٰشِعَةً أَبْصَٰرُهُمْ تَرْهَقُهُمْ ذِلَّةٌ ذَٰلِكَ ٱلْيَوْمُ ٱلَّذِى كَانُواْ يُوعَدُونَ ٤٤

44 Iyaga oo ilgo'san oo dulli saaranyahay (ayey soo baxayaan). Taasi waa maalintii, loo ballan qaadi jiray iyaga.

Nuux

Nuux waa suurad Maki ah. Waa suuradda 71aad ee musxafka. Waxa ay ka koobantahay 28 aayadood, 224 erey iyo 920 xaraf. Waa suuraddii 71aad ee soo degta. Waxay ku xigtay suuradda An-naxli, iyadana waxaa ku xigtay suuradda Ibraahiim.

Faahfaahin 6:

Suuraddan Nuux waxa ay gebigeeduba ku saabsantahay qisadii Nebi Nuux. Nebi Nuux CS waxaa uu ka mid yahay 25ka nebi ee magacyadooda quraanka lagu xusay. Waxa uu ka sii yahay 25kaa nebi, shanta Ulul-casmiga oo ah hormoodka nebiyada Alle. Qisada Nebi Nuux waxaa lagu xusay suurado badan oo ay ka mid yihiin; Suuraddan Nuux, Al-acraaf, Yoonis, Huud, Al-mu'minuun, Shucaraa, Cankabuud, Saafaad, Al-qamar, Al-xadiid iyo Taxriim.

Nuux — سورة نوح

بِسْمِ اللَّهِ الرَّحْمَٰنِ الرَّحِيمِ

Waxaan ku bilaabayaa magaca Eebbe. Eebbaha naxariis badan oo guud naxariista. Eebbaha naxariis badan oo gaar ahaaneed naxariista.

فَلَمْ يَزِدْهُمْ دُعَآءِى إِلَّا فِرَارًا ۝

6 "Markaa, baaqaygii uma uu kordhin, wax aan sii firdhasho ahayn".

وَإِنِّى كُلَّمَا دَعَوْتُهُمْ لِتَغْفِرَ لَهُمْ جَعَلُوٓا أَصَٰبِعَهُمْ فِىٓ ءَاذَانِهِمْ وَٱسْتَغْشَوْا ثِيَابَهُمْ وَأَصَرُّوا وَٱسْتَكْبَرُوا ٱسْتِكْبَارًا ۝

7 Oo mar kasta oo aan ugu baaqo dembidhaafkaaga; dhegaha ayey faraha geliyeen (si aanay ii maqlin) oo dharkooda ayey isku dadeen (si aanay ii arkin) oo (xumaantii) ayey sii wateen, waanay ka santaageen oo ka faaneen (in ay xaqa igu raacaan), santaagid weyn.

ثُمَّ إِنِّى دَعَوْتُهُمْ جِهَارًا ۝

8 Dabadeed waxa aan ugu baaqay si cad oo ban yaal ah.

ثُمَّ إِنِّىٓ أَعْلَنتُ لَهُمْ وَأَسْرَرْتُ لَهُمْ إِسْرَارًا ۝

9 Haddana waan u muujiyey (dacwadda) waanan la siraystay (sir iyo caadba waan ula hadlay).

فَقُلْتُ ٱسْتَغْفِرُوا رَبَّكُمْ إِنَّهُۥ كَانَ غَفَّارًا ۝

10 Oo waxa aan ku idhi: "Rabbigiin dembidhaaf waydiista, isagu waa mid dembidhaaf badan e"

يُرْسِلِ ٱلسَّمَآءَ عَلَيْكُم مِّدْرَارًا ۝

11 "Waxa uu cirka idiinka soo shubi

إِنَّآ أَرْسَلْنَا نُوحًا إِلَىٰ قَوْمِهِۦٓ أَنْ أَنذِرْ قَوْمَكَ مِن قَبْلِ أَن يَأْتِيَهُمْ عَذَابٌ أَلِيمٌ ۝

1 Waxaannu u dirnay (Nebi) Nuux, qoladiidiisii (annaga oo ku dhahnay) u dig qoladaada, inta aanay u iman cadaab xanuun badani.

قَالَ يَٰقَوْمِ إِنِّى لَكُمْ نَذِيرٌ مُّبِينٌ ۝

2 Waxa uu (ku) yiri "Tolkayow waxa aan ahay, mid idiin digaya oo digniintiisu caddahay"

أَنِ ٱعْبُدُوا ٱللَّهَ وَٱتَّقُوهُ وَأَطِيعُونِ ۝

3 "Ilaahay caabuda oo isaga ka cabsada, anigana i maqla oo i addeeca"

يَغْفِرْ لَكُم مِّن ذُنُوبِكُمْ وَيُؤَخِّرْكُمْ إِلَىٰٓ أَجَلٍ مُّسَمًّى إِنَّ أَجَلَ ٱللَّهِ إِذَا جَآءَ لَا يُؤَخَّرُ لَوْ كُنتُمْ تَعْلَمُونَ ۝

4 (Alle) Waa uu idiin dembidhaafi doonaa oo cimriga ayuu dib idiinku dhigi ilaa muddo go'an (La idin ma halaagayo iimaanka dartii). Muddaynta Alle marka ay timaaddo (sida caadiga ah) dib looma dhigo, haddii aad wax ogaan lahaydeen.

قَالَ رَبِّ إِنِّى دَعَوْتُ قَوْمِى لَيْلًا وَنَهَارًا ۝

5 Waxaa uu dhahay (Nebi Nuux): "Rabbigayoow! Hadh iyo habeenba waan u yeedhay qoladayda!

doona, roob badan oo soo noqnoqda"

وَيُمْدِدْكُم بِأَمْوَٰلٍ وَبَنِينَ وَيَجْعَل لَّكُمْ جَنَّٰتٍ وَيَجْعَل لَّكُمْ أَنْهَٰرًا ﴿١٢﴾

12 Oo waxa uu idiin kordhin, adduun iyo ubad, waxaanu idin siin beero iyo webiyaal

مَّا لَكُمْ لَا تَرْجُونَ لِلَّهِ وَقَارًا ﴿١٣﴾

13 Maxaa idin helay ee aad Alle uga cabsan la'dihiin idinka oo xushmaynaya.

وَقَدْ خَلَقَكُمْ أَطْوَارًا ﴿١٤﴾

14 Iyadoo uu Alle idin abuuray, abuurkiinnana mariyey marxalado kala duduwan

أَلَمْ تَرَوْا كَيْفَ خَلَقَ ٱللَّهُ سَبْعَ سَمَٰوَٰتٍ طِبَاقًا ﴿١٥﴾

15 Miyeydaan arkayn sida uu Alle u abuuray toddoba cir oo kala sarreeya?

وَجَعَلَ ٱلْقَمَرَ فِيهِنَّ نُورًا وَجَعَلَ ٱلشَّمْسَ سِرَاجًا ﴿١٦﴾

16 Ee uu dayaxa, uga dhigay siraad dhexdooda ah, qorraxdana uga dhigay iftiin weyn.

وَٱللَّهُ أَنۢبَتَكُم مِّنَ ٱلْأَرْضِ نَبَاتًا ﴿١٧﴾

17 Ilaahay waa ka idinka abuuray dhulka, abuuritaan.

ثُمَّ يُعِيدُكُمْ فِيهَا وَيُخْرِجُكُمْ إِخْرَاجًا ﴿١٨﴾

18 Dabadeedna wuu idinku celinayaa (dhulka) oo idinka soo saarayaa, soo saaritaan.

وَٱللَّهُ جَعَلَ لَكُمُ ٱلْأَرْضَ بِسَاطًا ﴿١٩﴾

19 Ilaahay waxa uu dhulka idiinka yeelay gogol (sida gogosha).

لِّتَسْلُكُوا مِنْهَا سُبُلًا فِجَاجًا ﴿٢٠﴾

20 Si aad jidad waaweyn oo ka mid ah u martaan.

قَالَ نُوحٌ رَّبِّ إِنَّهُمْ عَصَوْنِي وَٱتَّبَعُوا مَن لَّمْ يَزِدْهُ مَالُهُ وَوَلَدُهُ إِلَّا خَسَارًا ﴿٢١﴾

21 (Nebi) Nuux waxa uu yidhi: "Rabbigayow! Waa ay i caasiyeen oo waxa ay (iska) raaceen duul xoolahooda iyo carruurtoodu aanay u kordhinayn khasaare mooyee wax kale.

وَمَكَرُوا مَكْرًا كُبَّارًا ﴿٢٢﴾

22 Waxaaney maleegeen shirqool iyo khiyaamo weyn oo ay dadkii ku lumiyeen.

وَقَالُوا لَا تَذَرُنَّ ءَالِهَتَكُمْ وَلَا تَذَرُنَّ وَدًّا وَلَا سُوَاعًا وَلَا يَغُوثَ وَيَعُوقَ وَنَسْرًا ﴿٢٣﴾

23 Oo waxa ay dhaheen: "Ha ka tegina ilaahyadiinna oo ha ka tegina Wadde (nin u eke) iyo Suwaac (naag u eke) iyo Yaquus (libaax u eke) iyo Yacuuq (faras u eke) iyo Nasar (gogor u eke).

وَقَدْ أَضَلُّوا كَثِيرًا وَلَا تَزِدِ ٱلظَّٰلِمِينَ إِلَّا ضَلَٰلًا ﴿٢٤﴾

24 Dhab ahaan, waxa ay lumiyeen dad badan ee (Allow) ha u kordhin wax aan baadinimo ahayn!

مِّمَّا خَطِيٓـَٰٔتِهِمْ أُغْرِقُوا فَأُدْخِلُوا نَارًا فَلَمْ يَجِدُوا لَهُم مِّن دُونِ ٱللَّهِ أَنصَارًا ﴿٢٥﴾

25 Gefafkoodii dartood, ayaa lagu hafiyey (biyihii duufaanka), markaasaa la geliyey naar, mana ay helin cid u gargaarta, Alle sokadii.

وَقَالَ نُوحٌ رَّبِّ لَا تَذَرْ عَلَى ٱلْأَرْضِ مِنَ ٱلْكَٰفِرِينَ دَيَّارًا ۝

26 Waxa uu (Nebi) Nuux yidhi: "Rabbigayow, ha ku deyn dhulka korkiisa, nafar dhaqaaqa oo gaalada ka mid ah.

إِنَّكَ إِن تَذَرْهُمْ يُضِلُّوا۟ عِبَادَكَ وَلَا يَلِدُوٓا۟ إِلَّا فَاجِرًا كَفَّارًا ۝

27 Oo haddii aad kaga tagto, waxa ay baadiyeyn addoomadaada, mana dhali doonaan wax aan ahayn, dembiile gaal ah.

رَّبِّ ٱغْفِرْ لِى وَلِوَٰلِدَىَّ وَلِمَن دَخَلَ بَيْتِىَ مُؤْمِنًا وَلِلْمُؤْمِنِينَ وَٱلْمُؤْمِنَٰتِ وَلَا تَزِدِ ٱلظَّٰلِمِينَ إِلَّا تَبَارًا ۝

28 Rabbigayow ii dembidhaaf: aniga iyo labadayda waalid, iyo qofkii gurigayga soo gala ee mu'min ah iyo mu'miiinta guud ahaan; rag iyo dumarba. Daalimiintana ha u kordhin wax aan hoog ahayn!

Jinka

Al-jinni waa suurad Maki ah. Waa suuradda 72aad ee musxafka. Waxa ay ka koobantahay 28 aayadood, 285 erey iyo 870 xaraf. Waa suuraddii 40aad ee soo degta. Waxay ku xigtay suuradda Al-acraaf, iyadana waxaa ku xigtay suuradda Yaasiin.

Faahfaahin 6:

Suuratu Al-jin, waxa ay ku saabsantahay koox jin ah oo la kulmay Nebiga (NNKHA) oo Quraan akhriyaya. Kooxdaas waxaa saameeyey Quraankii. Dabadeed waxa ay ku laabteen jinkoodii kale iyaga oo uga warramay wixii ay maqleen iyo farriinta laga qaadan karo. Dhacdadan waxa kale oo lagaga warramay suuradda Al-axqaaf dhammaadkeeda. Ibnu Cabbaas sida laga wariyey, Nebigu (NNKHA) ma uu arag jinkan, Quraanna uguma akhriyin si ku talagal ah. Waxaa la yidhi: "Nebiga (NNKHA) iyo koox asxaabtiisa ka mid ah, ayaa u baxay dhinaca suuqa Cukaad. Salaad Subax ayey ku tukadeen meesha la yidhaahdo An-

Nakhlah. Koox jin ah oo wardoon ah ayaa si kedis ah ula kulmay quraankii iyo salaaddii lagu jiray. Warkii ay jinku raadinayeenna kan uun buu ahaa balse ma ay garanayn. Waxa la yidhi, markii uu Quraanku soo degay, waxaa jinka ku adkaatay in ay helaan wararkii samada oo marka ay kor aadaanba waxaa lagu soo ganayey gantaallo ololaya oo wax gubaya. Dabadeed ibliis ayaa ku yidhi; waxaa jira isbeddel sababay in samada la idinka mamnooco e, bal adduunka ku faafa oo soo hela isbeddelkaa warkiisa. Markaa kooxdii jinka ahayd ee loo diray dhinaca jasiiradda Carabta ayey kuwani ahaayeen. Waxa ay yaqiinsadeen in uu Quraankan ahaa isbeddelka dhacay ee loogu diiday samada. Waa ay ku qanceen. Dabadeed waxa ay ugu baaqeen jinkii kale in ay rumeeyaan. Suuraddu waxa ay soo koobaysaa sidii ay ugu warrameen jinkii kale.

قُرْآن

Jinka　سُورَةُ الجِنّ

بِسۡمِ ٱللَّهِ ٱلرَّحۡمَٰنِ ٱلرَّحِيمِ

Waxaan ku bilaabayaa magaca Eebbe. Eebbaha naxariis badan oo guud naxariista. Eebbaha naxariis badan oo gaar ahaaneed naxariista.

ayaannu rumaysannay).

وَأَنَّهُۥ كَانَ رِجَالٌ مِّنَ ٱلۡإِنسِ يَعُوذُونَ بِرِجَالٍ مِّنَ ٱلۡجِنِّ فَزَادُوهُمۡ رَهَقًا ٦

6 Waxaa jirtay, in rag insiga ka mid ahi, ay magangali jireen rag jin ah. Markaa cabsi iyo kadeed ayey u sii kordhiyeen.

وَأَنَّهُمۡ ظَنُّواْ كَمَا ظَنَنتُمۡ أَن لَّن يَبۡعَثَ ٱللَّهُ أَحَدًا ٧

7 Iyaguna (insigu) waxa ay moodayeen sidii aad idinkuba (Jinkow) moodayseen ee ahayd in aanu Alle cidna soo noolayn doonin (ama in aanu Alle rasuul dambe soo diraynin).

وَأَنَّا لَمَسۡنَا ٱلسَّمَآءَ فَوَجَدۡنَٰهَا مُلِئَتۡ حَرَسًا شَدِيدًا وَشُهُبًا ٨

8 Annagu waxa aannu aadney cirka (si aannu wax u soo dhageysanno), Markaa waxa aannu la kulannay samadii oo laga buuxiyey ilaalo adag iyo gantaallo holcaya.

وَأَنَّا كُنَّا نَقۡعُدُ مِنۡهَا مَقَٰعِدَ لِلسَّمۡعِ فَمَن يَسۡتَمِعِ ٱلۡأَٰنَ يَجِدۡ لَهُۥ شِهَابًا رَّصَدًا ٩

9 (Waagii horena) waxa aannu ahaan jirnay kuwo ka fadhiista cirka, meelo laga dhageysto (hadalka malaa'igta). Ciddiise hadda is tidhaa soo dhageyso,

قُلۡ أُوحِيَ إِلَيَّ أَنَّهُ ٱسۡتَمَعَ نَفَرٌ مِّنَ ٱلۡجِنِّ فَقَالُوٓاْ إِنَّا سَمِعۡنَا قُرۡءَانًا عَجَبًا ١

1 Waxa aad (nebi Allow, dadka ku) tidhaa: "Waxa la ii waxyoodey in ay (Quraanka) dhageysteen koox jinni ah. Oo (markii ay ku laabteen jinkoodii) ku dhahay: *"Waxa aannu maqalnay, wax la akhriyayo oo la yaab leh"*

يَهۡدِيٓ إِلَى ٱلرُّشۡدِ فَـَٔامَنَّا بِهِۦ وَلَن نُّشۡرِكَ بِرَبِّنَآ أَحَدًا ٢

2 (Quraankaas) oo wax ku hagaya qummanaanta (If iyo Aakhiro), markaa waa aannu rumaynay oo Rabbigayo cidna wax lama wadaajin doonno.

وَأَنَّهُۥ تَعَٰلَىٰ جَدُّ رَبِّنَا مَا ٱتَّخَذَ صَٰحِبَةً وَلَا وَلَدًا ٣

3 Rabbigeen sharaftiisuna waa ay ka sarraysaa (nusqaan oo dhan) oo ma laha, xaas iyo ubad toona.

وَأَنَّهُۥ كَانَ يَقُولُ سَفِيهُنَا عَلَى ٱللَّهِ شَطَطًا ٤

4 Maangaabkayagu waxa uu Ilaahay ka sheegi jiray (hadal) xadgud ub ah.

وَأَنَّا ظَنَنَّآ أَن لَّن تَقُولَ ٱلۡإِنسُ وَٱلۡجِنُّ عَلَى ٱللَّهِ كَذِبًا ٥

5 Annaguna waxa aannu moodaynay in aanay dadka iyo jinku been ka sheegaynin Alle (Markaa beentoodii

waxaa la kulmaya gantaal diyaarsan.

وَأَنَّا لَا نَدْرِىٓ أَشَرٌّ أُرِيدَ بِمَن فِى ٱلْأَرْضِ أَمْ أَرَادَ بِهِمْ رَبُّهُمْ رَشَدًا ۝

10 Mana kala garanayno in shar lala doonayo, wixii dhulka jooga iyo in uu Rabbigood khayr la damcay?

وَأَنَّا مِنَّا ٱلصَّٰلِحُونَ وَمِنَّا دُونَ ذَٰلِكَ ۖ كُنَّا طَرَآئِقَ قِدَدًا ۝

11 Annagana waxaa naga mid ah qaar wanwanaagsan iyo qaar kale. Waxa aannu ahayn dariiqooyin kala duduwan.

وَأَنَّا ظَنَنَّآ أَن لَّن نُّعْجِزَ ٱللَّهَ فِى ٱلْأَرْضِ وَلَن نُّعْجِزَهُ هَرَبًا ۝

12 Oo waxaannu garowsannay in aannaan Alle kaga dhuuman karin dhulka, kana baxsan karin.

وَأَنَّا لَمَّا سَمِعْنَا ٱلْهُدَىٰٓ ءَامَنَّا بِهِۦ ۖ فَمَن يُؤْمِنۢ بِرَبِّهِۦ فَلَا يَخَافُ بَخْسًا وَلَا رَهَقًا ۝

13 Markii aannu maqalnay hanuunkanna, waannu rumaynay. Qofkii Rabbigii rumeeyaana, kama baqayo in wanaaggiisa laga musuqo iyo in la dulsaaro dembi aanu lahan; toona.

وَأَنَّا مِنَّا ٱلْمُسْلِمُونَ وَمِنَّا ٱلْقَٰسِطُونَ ۖ فَمَنْ أَسْلَمَ فَأُوْلَٰٓئِكَ تَحَرَّوْاْ رَشَدًا ۝

14 Annagana waxaa naga mid ah, qaar hoggaasamay (muslimiin ah) iyo qaar leexday (gaaloobey). Haddaba kuwa islaamay waxa ay u dadaaleen hanuun.

وَأَمَّا ٱلْقَٰسِطُونَ فَكَانُواْ لِجَهَنَّمَ حَطَبًا ۝

15 Kuwii xaqa ka leexdayna, waxa ay xaabo u noqdeen Jahannama.

وَأَلَّوِ ٱسْتَقَٰمُواْ عَلَى ٱلطَّرِيقَةِ لَأَسْقَيْنَٰهُم مَّآءً غَدَقًا ۝

16 (Markii uu warkii jinku dhammaadey ayuu Alle yidhi: waxa aad nebiyoow dhahdaa): haddii ay (jinka iyo insigu) ku toosnaan lahaayeen dariiqa (xaqa ah ee islaamka) waxa aannu ka waraabin lahayn biyo fara badan (barwaaqo).

لِّنَفْتِنَهُمْ فِيهِ ۚ وَمَن يُعْرِضْ عَن ذِكْرِ رَبِّهِۦ يَسْلُكْهُ عَذَابًا صَعَدًا ۝

17 (Barwaaqadaas waxa aannu u siin lahayn) si aannu u tijaabinno (bal in ay mahadnaqaan iyo in kale). Markaa qofkii ka jeesta xasuusta Rabbigii, waxa uu Alle galin doonaa cadaab, ah meelo korid iyo kadeed.

وَأَنَّ ٱلْمَسَٰجِدَ لِلَّهِ فَلَا تَدْعُواْ مَعَ ٱللَّهِ أَحَدًا ۝

18 (Waxa aad ku dhahdaa, waxa la ii waxyoodey): In uu Ilaahay iska leeyahay masaajiddada. Markaa cid kale ha kula caabudina Alle.

وَأَنَّهُۥ لَمَّا قَامَ عَبْدُ ٱللَّهِ يَدْعُوهُ كَادُواْ يَكُونُونَ عَلَيْهِ لِبَدًا ۝

19 Markii uu addoonka Alle (Nebi Muxammad) istaagey, isaga oo caabudaya, waxa ay ku dhawaadeen in ay ku duldegaan iyaga oo is dulkaroora.

قُلْ إِنَّمَآ أَدْعُواْ رَبِّى وَلَآ أُشْرِكُ بِهِۦٓ أَحَدًا ۝

20 Waxa aad (Nebi Alloow) ku tidhaa: Waxa aan caabudayaa uun

ahaan ee tiro ahaan yar.

قُل إِنْ أَدْرِى أَقَرِيبٌ مَّا تُوعَدُونَ أَمْ يَجْعَلُ لَهُۥ رَبِّىٓ أَمَدًا ۝

25 Waxa aad (Nebi Alloow) ku tidhaa: Ma garanayo in waxan la idiin ballanqaadayaa uu dhawyahay iyo in uu Alle muddo fog u qabtay.

عَـٰلِمُ ٱلْغَيْبِ فَلَا يُظْهِرُ عَلَىٰ غَيْبِهِۦٓ أَحَدًا ۝

26 Isagu waa ka ogsoon waxa qarsoon oo cidna uma daahfuro Cilmul- qaybka.

إِلَّا مَنِ ٱرْتَضَىٰ مِن رَّسُولٍ فَإِنَّهُۥ يَسْلُكُ مِنۢ بَيْنِ يَدَيْهِ وَمِنْ خَلْفِهِۦ رَصَدًا ۝

27 (Cilmulqaybka uma sheego) Qof uu raalli ka noqday oo rasuul ah mooyaane. Isagana wuxuu hortiisa iyo gadaashiisaba dhigaa, ilaalo (malaa'ig).

لِيَعْلَمَ أَن قَدْ أَبْلَغُوا۟ رِسَـٰلَـٰتِ رَبِّهِمْ وَأَحَاطَ بِمَا لَدَيْهِمْ وَأَحْصَىٰ كُلَّ شَىْءٍ عَدَدًۢا ۝

28 Si uu u ogaado (wuu ogyahaye si uu u muujiyo), in ay rasuulladu gudbiyeen, farriintii Rabbigood, waanu koobay (ogaal ahaan) waxa ay hayaan. Wax walbana wuxuu ku sameeyey tirakoob.

Rabbigey oo cidna wax ka siin maayo cibaadadiisa.

قُل إِنِّى لَآ أَمْلِكُ لَكُمْ ضَرًّا وَلَا رَشَدًا ۝

21 Waxa aad (Nebi Alloow) ku tidhaa: Anigu dhib iyo dheef toona idiin ma hayo.

قُل إِنِّى لَن يُجِيرَنِى مِنَ ٱللَّهِ أَحَدٌ وَلَنْ أَجِدَ مِن دُونِهِۦ مُلْتَحَدًا ۝

22 Waxa aad (Nebi Alloow) ku tidhaa: Aniga cidna iga badbaadin mayso Alle, mana heli doono cid aan magangalo oo ka sokeysa (Haddii aan amarkiisa raaci waayo).

إِلَّا بَلَـٰغًا مِّنَ ٱللَّهِ وَرِسَـٰلَـٰتِهِۦ وَمَن يَعْصِ ٱللَّهَ وَرَسُولَهُۥ فَإِنَّ لَهُۥ نَارَ جَهَنَّمَ خَـٰلِدِينَ فِيهَآ أَبَدًا ۝

23 Laakiin (waxa aan idiin awoodaa) in aan idin soo gaarsiiyo warka xagga Alle ka yimi iyo farriimihiisa (uu ii soo dhiibay). Ciddiise Alle iyo rasuulkiisa amardiida ku samaysa, waxaa ay geli naarta Jahannama oo ay weligood ku waarayaan.

حَتَّىٰٓ إِذَا رَأَوْا۟ مَا يُوعَدُونَ فَسَيَعْلَمُونَ مَنْ أَضْعَفُ نَاصِرًا وَأَقَلُّ عَدَدًا ۝

24 Goorta ay arkaan, waxa loo ballanqaadayo, waxa ay ogaan doonaan, cidda tamardaran gurmad

isduuduube

Waa suurad Maki ah. Waa suuradda 73aad ee musxafka. Waxa ay ka koobantahay 20 aayadood, 285 erey iyo 838 xaraf. Waa suuraddii 3aad ee soo degta. Waxay ku xigtay suuradda Al-muddasir, iyadana waxaa ku xigtay suuradda Al-qalam.

Faahfaahin 7:

Musammil waa suuraddii 3aad balse ayaadda ugu dambaysaa waxa ay soo degtay beri dambe. Salaatulaylka, Quraanka, dacwadda iyo abaalmarinta Aakhiro ayey ka hadlaysaa.

isduuduube سُورَةُ الْمُزَّمِّلِ

بِسْمِ اللَّهِ الرَّحْمَنِ الرَّحِيمِ

Waxaan ku bilaabayaa magaca Eebbe. Eebbaha naxariis badan oo guud naxariista. Eebbaha naxariis badan oo gaar ahaaneed naxariista.

qabsato).

يَا أَيُّهَا الْمُزَّمِّلُ ۝

❶ Kaagan isduuduubayow!

قُمِ اللَّيْلَ إِلَّا قَلِيلًا ۝

❷ Habeenkii kac (oo tuko) in yar mooyaane.

وَاذْكُرِ اسْمَ رَبِّكَ وَتَبَتَّلْ إِلَيْهِ تَبْتِيلًا ۝

❽ Ee magaca Rabbigaa xus oo u go' (cibaadadiisa) u go'itaan.

نِصْفَهُ أَوِ انْقُصْ مِنْهُ قَلِيلًا ۝

❸ (Kac habeenka) kala badhkii, ama wax yar uun ka dhin.

رَبُّ الْمَشْرِقِ وَالْمَغْرِبِ لَا إِلَهَ إِلَّا هُوَ فَاتَّخِذْهُ وَكِيلًا ۝

❾ Isagu waa mulkiilaha (adduunka) bari iyo galbeedba. Ma jiro Ilaah xaq lagu caabudaa, isaga mooyaane. Markaa isaga talasaaro.

أَوْ زِدْ عَلَيْهِ وَرَتِّلِ الْقُرْءَانَ تَرْتِيلًا ۝

❹ Ama ka badi (habeenka kala barkii), Qur'aankana u akhri si kala dhigdhigan (tartiil).

وَاصْبِرْ عَلَى مَا يَقُولُونَ وَاهْجُرْهُمْ هَجْرًا جَمِيلًا ۝

❿ Oo ku samir waxa ay sheegayaan (ee dacaayado ah) oo si wanaagsan uga durug iyaga.

إِنَّا سَنُلْقِي عَلَيْكَ قَوْلًا ثَقِيلًا ۝

❺ Waxa aannu kugu soo dejin doonnaa hadal culus (Qur'aan ay farriintiisa iyo qiimihiisuba weyn-yihiin)

وَذَرْنِي وَالْمُكَذِّبِينَ أُولِي النَّعْمَةِ وَمَهِّلْهُمْ قَلِيلًا ۝

⓫ Isuna kaayo daa, aniga iyo kuwa xaqa beeniyey ee barwaaqeysan oo muddo yar oo kooban sug (bal waxa qabsada).

إِنَّ نَاشِئَةَ اللَّيْلِ هِيَ أَشَدُّ وَطْئًا وَأَقْوَمُ قِيلًا ۝

❻ (Salaadda loo kaco) amminta habeenkii, ayaa u roon iswaafiqidda (qalbiga iyo Qur'aanka), una qumman hadalka (fahankiisa).

إِنَّ لَدَيْنَا أَنْكَالًا وَجَحِيمًا ۝

⓬ Waxaa noo diyaarsan katiinado (wax lagu xidhxidho) iyo dab kulul.

إِنَّ لَكَ فِي النَّهَارِ سَبْحًا طَوِيلًا ۝

❼ Maalintii waxa aad haysataa fakaag badan (oo aad danahaaga adduunyo ku

وَطَعَامًا ذَا غُصَّةٍ وَعَذَابًا أَلِيمًا ۝

⓭ Iyo cunno lagu mergenayo iyo cadaab xanuun badan.

إِنَّ رَبَّكَ يَعْلَمُ أَنَّكَ تَقُومُ أَدْنَىٰ مِن ثُلُثَىِ ٱلَّيْلِ وَنِصْفَهُ وَثُلُثَهُ وَطَآئِفَةٌ مِّنَ ٱلَّذِينَ مَعَكَ وَٱللَّهُ يُقَدِّرُ ٱلَّيْلَ وَٱلنَّهَارَ عَلِمَ أَن لَّن تُحْصُوهُ فَتَابَ عَلَيْكُمْ فَٱقْرَءُوا۟ مَا تَيَسَّرَ مِنَ ٱلْقُرْءَانِ عَلِمَ أَن سَيَكُونُ مِنكُم مَّرْضَىٰ وَءَاخَرُونَ يَضْرِبُونَ فِى ٱلْأَرْضِ يَبْتَغُونَ مِن فَضْلِ ٱللَّهِ وَءَاخَرُونَ يُقَٰتِلُونَ فِى سَبِيلِ ٱللَّهِ فَٱقْرَءُوا۟ مَا تَيَسَّرَ مِنْهُ وَأَقِيمُوا۟ ٱلصَّلَوٰةَ وَءَاتُوا۟ ٱلزَّكَوٰةَ وَأَقْرِضُوا۟ ٱللَّهَ قَرْضًا حَسَنًا وَمَا تُقَدِّمُوا۟ لِأَنفُسِكُم مِّنْ خَيْرٍ تَجِدُوهُ عِندَ ٱللَّهِ هُوَ خَيْرًا وَأَعْظَمَ أَجْرًا وَٱسْتَغْفِرُوا۟ ٱللَّهَ إِنَّ ٱللَّهَ غَفُورٌ رَّحِيمٌ ۝٢٠

20 (Nebi Allow!) Rabbigaa wuu ogsoonyahay in aad (salaad) isu taagto:
- Wakhti ku dhow, saddex meeloodka habeenkii, laba ahaan, ama nus ahaan ama saddex meelood mid ahaan, iyada oo ay kugu weheliyaan koox asxaabtaada ka mid ahi.
- Ilaahay isaga uun baa jaangooya habeenka iyo maalinta (dhererkooda). Waa uu ogyahay in aydaan tirakoobi karin (qiyaasta wakhtiga la idin faray), markaa wuu idinka dhaafay (wakhtigii badnaa).
- Ee akhriya wixii Quraanka idiin fududaada.
- Waa uu ogaa in ay idinku jirayaan qaar buka, iyo qaar socoto ah oo fadliga Alle raadsanaya, iyo qaar kale oo Alle dartiid u dagaallamaya.
- Markaa akhriya wixii Quraanka idiin fududaada.
- Salaadda ooga, sekadana bixiya oo Ilaahay wax wanaagsan, amaahsada.
- Wixii wanaag ah ee aad nafihiinna u hor marisaan, waxa aad ka helaysaan Ilaahay agtiisa, isaga oo ka wanaagsan oo ajar badan.
- Ilaahayna dembi-dhaaf waydiista. Ilaahay waa mid dembidhaaf badan oo naxariis badane.

يَوْمَ تَرْجُفُ ٱلْأَرْضُ وَٱلْجِبَالُ وَكَانَتِ ٱلْجِبَالُ كَثِيبًا مَّهِيلًا ۝١٤

14 (Ciqaabtan waxa ay la kulmayaan) maalin ay dhulka iyo buuruhu gilgilan doonaan oo ay buuruhu noqon doonaan burciid soconaysa.

إِنَّآ أَرْسَلْنَآ إِلَيْكُمْ رَسُولًا شَٰهِدًا عَلَيْكُمْ كَمَآ أَرْسَلْنَآ إِلَىٰ فِرْعَوْنَ رَسُولًا ۝١٥

15 (Dadyahow) waxa aannu idiin soo dirnay, dhambaalwade idinku markhaatifuri doona, sidii aannu Fircoonba ugu dirnay Dhambaalwade.

فَعَصَىٰ فِرْعَوْنُ ٱلرَّسُولَ فَأَخَذْنَٰهُ أَخْذًا وَبِيلًا ۝١٦

16 Fircoonna waa uu diiday amarkii rasuulka, markaasaannu qabannay qabasho-ciqaabeed ba'an.

فَكَيْفَ تَتَّقُونَ إِن كَفَرْتُمْ يَوْمًا يَجْعَلُ ٱلْوِلْدَٰنَ شِيبًا ۝١٧

17 Haddaba, haddii aad (maanta) gaalowdaan, sidee ayaad isaga ilaalinaysaan (ciqaabta Eebbe), maalin cirro u yeeli doonta carruurta (silica dartii)?

ٱلسَّمَآءُ مُنفَطِرٌۢ بِهِۦ كَانَ وَعْدُهُۥ مَفْعُولًا ۝١٨

18 (Maalintaa) awgeed, ayuu cirku dildillaaci doonaa. Ilaahay ballankiisuna waa mid la fulin doono.

إِنَّ هَٰذِهِۦ تَذْكِرَةٌ فَمَن شَآءَ ٱتَّخَذَ إِلَىٰ رَبِّهِۦ سَبِيلًا ۝١٩

19 Tani waa waano. Markaa qofkii doonaa, ha ka dhigto jid uu xagga Rabbigii u maro (inta ay goori goor tahay).

Isdade

Waa suurad Maki ah. Waa suuradda 74aad ee musxafka. Waxa ay ka koobantahay 56 aayadood, 255 erey iyo 1010 xaraf. Waa suuraddii 2aad ee soo degta. Waxay ku xigtay suuradda Al-calaq, iyadana waxaa ku xigtay suuradda Al-musammil.

Isdade سُورَةُ الْمُدَّثِّر

بِسْمِ اللهِ الرَّحْمَٰنِ الرَّحِيمِ

Waxaan ku bilaabayaa magaca Eebbe. Eebbaha naxariis badan oo guud naxariista. Eebbaha naxariis badan oo gaar ahaaneed naxariista.

يَا أَيُّهَا الْمُدَّثِّرُ ۞

1 Kaagan is dedayow!

قُمْ فَأَنذِرْ ۞

2 Sarakac oo u dig (dadka)!

وَرَبَّكَ فَكَبِّرْ ۞

3 Rabbigaagana weynee!

وَثِيَابَكَ فَطَهِّرْ ۞

4 Dharkaagana nadiifi

وَالرُّجْزَ فَاهْجُرْ ۞

5 Dembigana ka durug!

وَلَا تَمْنُن تَسْتَكْثِرُ ۞

6 Hana bixinnin wax, si aad ugu badsato (si aad wax kale oo adduunyo ah ugu hesho)

وَلِرَبِّكَ فَاصْبِرْ ۞

7 Rabbigaa dartiina u samir (u adkayso)

فَإِذَا نُقِرَ فِي النَّاقُورِ ۞

8 Haddaba goorta la yeedhiyo buunka (si la isu soo bixiyo)

فَذَٰلِكَ يَوْمَئِذٍ يَوْمٌ عَسِيرٌ ۞

9 Maalintaas, waa maalin (aad u) adag.

عَلَى الْكَافِرِينَ غَيْرُ يَسِيرٍ ۞

10 Oo kuwa gaalada ah aan u fududayn.

ذَرْنِي وَمَنْ خَلَقْتُ وَحِيدًا ۞

11 Isu kaayo daa, aniga iyo ka aan abuuray isaga oo kelidii ah.

وَجَعَلْتُ لَهُ مَالًا مَّمْدُودًا ۞

12 Oo aan siiyey xoolo fara badan.

وَبَنِينَ شُهُودًا ۞

13 Iyo wiilal, hareeraha ka jooga.

وَمَهَّدتُّ لَهُ تَمْهِيدًا ۞

14 Oo aan u gogley oo siiyey nolol bilaa caqabado ah.

ثُمَّ يَطْمَعُ أَنْ أَزِيدَ ۞

15 Haddana, u hanqaltaagaya in aan u kordhiyo.

كَلَّا إِنَّهُ كَانَ لِآيَاتِنَا عَنِيدًا ۞

16 Maya, taasi waa ma dhacdo e, wuxuu ahaa mid ku madax adag aayadahayga.

سَأُرْهِقُهُۥ صَعُودًا ۝

17 Waxaan ku kadeedi doonaa korkorid (inuu koro buuraha cadaabta).

إِنَّهُۥ فَكَّرَ وَقَدَّرَ ۝

18 Isagu wuu fikiray oo qorsheeyey (wixii uu Quraanka ka sheegi lahaa).

فَقُتِلَ كَيْفَ قَدَّرَ ۝

19 Haddaba, waa la nacdalay, sidii uu wax u jaangooyey.

ثُمَّ قُتِلَ كَيْفَ قَدَّرَ ۝

20 Oo haddana waa la nacdalay, sidii uu wax u qorsheeyey.

ثُمَّ نَظَرَ ۝

21 Haddana wuu fikiray.

ثُمَّ عَبَسَ وَبَسَرَ ۝

22 Dabadeed wejiga ayuu kaduudiyey oo giir ka kiciyey (sidii wax fikiraya).

ثُمَّ أَدْبَرَ وَٱسْتَكْبَرَ ۝

23 Dabadeed wuu ka jeestay (xaqii) oo iska weyneeyey (in uu qiro).

فَقَالَ إِنْ هَٰذَآ إِلَّا سِحْرٌ يُؤْثَرُ ۝

24 Markaasuu yidhi: "Quraankani waa sixir la soo min-guuriyey uun".

إِنْ هَٰذَآ إِلَّا قَوْلُ ٱلْبَشَرِ ۝

25 Kani ma aha wax kale ee waa hadal dad uun.

سَأُصْلِيهِ سَقَرَ ۝

26 (Ninka sidan u hadlay) waxa aan gelin doonaa (cadaabta) Saqara.

وَمَآ أَدْرَىٰكَ مَا سَقَرُ ۝

27 Oo maxaa ku ogeysiiyey waxa ay tahay (Cadaabta) Saqara?

لَا تُبْقِى وَلَا تَذَرُ ۝

28 (Cadaabta Saqari) ma reebayso (Hilibka), kamana tegeyso (lafaha).

لَوَّاحَةٌ لِّلْبَشَرِ ۝

29 Waa mid aad u gubaysa maqaarka (oo deebinaysa jidhka).

عَلَيْهَا تِسْعَةَ عَشَرَ ۝

30 (Cadaabtaas) waxa duljooga Sagaal iyo toban (ilaalo ah).

وَمَا جَعَلْنَآ أَصْحَٰبَ ٱلنَّارِ إِلَّا مَلَٰٓئِكَةً وَمَا جَعَلْنَا عِدَّتَهُمْ إِلَّا فِتْنَةً لِّلَّذِينَ كَفَرُواْ لِيَسْتَيْقِنَ ٱلَّذِينَ أُوتُواْ ٱلْكِتَٰبَ وَيَزْدَادَ ٱلَّذِينَ ءَامَنُوٓاْ إِيمَٰنًا وَلَا يَرْتَابَ ٱلَّذِينَ أُوتُواْ ٱلْكِتَٰبَ وَٱلْمُؤْمِنُونَ وَلِيَقُولَ ٱلَّذِينَ فِى قُلُوبِهِم مَّرَضٌ وَٱلْكَٰفِرُونَ مَاذَآ أَرَادَ ٱللَّهُ بِهَٰذَا مَثَلًا كَذَٰلِكَ يُضِلُّ ٱللَّهُ مَن يَشَآءُ وَيَهْدِى مَن يَشَآءُ وَمَا يَعْلَمُ جُنُودَ رَبِّكَ إِلَّا هُوَ وَمَا هِىَ إِلَّا ذِكْرَىٰ لِلْبَشَرِ ۝

31 - Kama aannu dhigin ilaalada naarta, cid aan malaa'ig ahayn.

– Tiradooda (19ka ahna) ugama aannu dhigin (intaas la xusay) ujeeddo aan ahayn in ay ku fidnoobaan kuwa gaaloobey.

– Si ay (markaa) u xaqiiqsadaan kuwii kitaabka hore loo siiyey (in kitaabkani xaq yahay)

samaysto) ama uu dib u dhaco (oo amardiido ku noolaado).

كُلُّ نَفْسٍ بِمَا كَسَبَتْ رَهِينَةٌ ﴿٣٨﴾

38 Naf waliba waxa ay u qoolantahay, wixii ay shaqaysatay (ee shar ah).

إِلَّا أَصْحَابَ ٱلْيَمِينِ ﴿٣٩﴾

39 Marka laga reebo kuwa kitaabkooda, laga siinayo midigta.

فِى جَنَّاتٍ يَتَسَآءَلُونَ ﴿٤٠﴾

40 (Iyagu, bahda midigtu) waxa ay isku waraysanayaan jannooyin dhexdood.

عَنِ ٱلْمُجْرِمِينَ ﴿٤١﴾

41 (Iyaga oo iska waraysanaya) kuwii dembiileyaasha ahaa (Xaalkooda).

مَا سَلَكَكُمْ فِى سَقَرَ ﴿٤٢﴾

42 (Waxay ku odhan dembiileyaasha, waar:) maxaa idin geliyey Saqara?

قَالُوا۟ لَمْ نَكُ مِنَ ٱلْمُصَلِّينَ ﴿٤٣﴾

43 Waxa ay odhan (ku jawaabi dembiileyaashu): "ma aannaan tukan jirin".

وَلَمْ نَكُ نُطْعِمُ ٱلْمِسْكِينَ ﴿٤٤﴾

44 Masaakiintana ma aannu quudin jirin.

وَكُنَّا نَخُوضُ مَعَ ٱلْخَآئِضِينَ ﴿٤٥﴾

45 Oo waxaannu ahayn, Kuwo iskala baashaala aakhiromoogta.

iyo si ay iimaan u korodhsadaan muuminiintu,

– oo aanay u shakiyin, kuwii kitaabka hore loo siiyey iyo muuminiintu.

– Iyo si ay u dhahaan kuwa uu qalbigooda ku jiro cudurka (shakiga) iyo kuwa gaalada ahi; "muxuu Alle, tusaalayntan uga dan lahaa?"

– Sidaas ayuu Alle u lumiyaa ciddii uu doono, una hanuuniyaa ciddii uu doono.

– Cidina ma oga, ciidamada Rabbigaa, isaga mooyaane

– Mana aha iyadu (naarta Saqara xuskeedu), wax aan ahayn waaninta dadka.

كَلَّا وَٱلْقَمَرِ ﴿٣٢﴾

32 Maya (sida ay sheegeen ma ahee), waxa aan ku dhaaranayaa dayaxa.

وَٱلَّيْلِ إِذْ أَدْبَرَ ﴿٣٣﴾

33 Oo waxa aan ku dhaaranayaa, habeenku marka uu fanjeediyo.

وَٱلصُّبْحِ إِذَآ أَسْفَرَ ﴿٣٤﴾

34 Oo waxa aan ku dhaaranayaa, waaberigu marka uu caddaato e;

إِنَّهَا لَإِحْدَى ٱلْكُبَرِ ﴿٣٥﴾

35 Iyadu (Xasuusinta cadaabta Saqara) waxa ay ka mid tahay (digniinaha) waaweyn.

نَذِيرًا لِّلْبَشَرِ ﴿٣٦﴾

36 Iyada oo ah digniin ku socota dadka.

لِمَن شَآءَ مِنكُمْ أَن يَتَقَدَّمَ أَوْ يَتَأَخَّرَ ﴿٣٧﴾

37 (Waxay digniin u tahay) qofkiinna doonaya in uu hore u socdo (oo khayr

وَكُنَّا نُكَذِّبُ بِيَوْمِ ٱلدِّينِ ﴿٤٦﴾

46 Oo waxaannu beenin jirnay maalinta xisaabta.

حَتَّىٰٓ أَتَىٰنَا ٱلْيَقِينُ ﴿٤٧﴾

47 Ilaa ay runtii (geeridii) noo timid (annagoo iska baashaalayna).

فَمَا تَنفَعُهُمْ شَفَٰعَةُ ٱلشَّٰفِعِينَ ﴿٤٨﴾

48 Markaa, iyaga, wax uma tari doonto, ergeynta kuwa ergeeyaa.

فَمَا لَهُمْ عَنِ ٱلتَّذْكِرَةِ مُعْرِضِينَ ﴿٤٩﴾

49 Bal maxaa ku dhacay ee ay uga sii jeedaan waanada.

كَأَنَّهُمْ حُمُرٌ مُّسْتَنفِرَةٌ ﴿٥٠﴾

50 Waxaabad mooddaa, dameer-debedeed diday.

فَرَّتْ مِن قَسْوَرَةٍ ﴿٥١﴾

51 Oo ka firdhaday libaax (ugaadhsanaya).

بَل يُرِيدُ كُلُّ ٱمْرِئٍ مِّنْهُمْ أَن يُؤْتَىٰ صُحُفًا مُّنَشَّرَةً ﴿٥٢﴾

52 Welib, qof kasta oo iyaga ka mid ahi wuxuu rabaa in la siiyo kutub la kala furay (kitaabbo diyaarsan oo u gaar ah).

كَلَّا بَل لَّا يَخَافُونَ ٱلْأَخِرَةَ ﴿٥٣﴾

53 Maya, sidaa ma ahee, kamaba baqanayaan Aakhiro.

كَلَّا إِنَّهُ تَذْكِرَةٌ ﴿٥٤﴾

54 Maya, sidaa ma ahee, kitaabkani waa waano.

فَمَن شَآءَ ذَكَرَهُ ﴿٥٥﴾

55 Ee qofkii doonaya (in uu waansamo), ha ku waano-qaato.

وَمَا يَذْكُرُونَ إِلَّآ أَن يَشَآءَ ٱللَّهُ هُوَ أَهْلُ ٱلتَّقْوَىٰ وَأَهْلُ ٱلْمَغْفِرَةِ ﴿٥٦﴾

56 Ma se waansamayaan, iyada oo uu Alle la doono mooyaane. Isaga ayaa mudan in laga cabsado oo ehel u ah dembidhaafidda.

Qiyaamaha

Waa suurad Maki ah. Waa suuradda 75aad ee musxafka. Waxa ay ka koobantahay 40 aayadood, 197 erey iyo 652 xaraf. Waa suuraddii 31aad ee soo degta. Waxa ay ku xigtay suuradda Al-qaaricah, iyadana waxaa ku xigtay suuradda Al-humasa.

Faahfaahin 8:

Suuraddan Al-qiyaamah waxa ay ku bilaabanaysaa soo noolaanshaha Aakhiro, waxaanay ku dhammaanaysaa isla soo noolaanshahaas. Waxa ay ka hadlaysaa geerida iyo qalalaasaha qiyaamaha iyo u caqli celinta kuwa diidan. Aayadda 16aad ilaa aayadda 19aad, waxa ay ku saabsanyihiin habka ku habboon in uu nebigu (NNKHA) uga barto Malakul-Jibriil, Quraanka. Ibnu Cabbaas waxaa laga wariyey in uu nebigu (NNKHA) ku dhibtoon jiray soo degidda Quraanka. Markaa waxaa uu dhaqdhaqaajin jiray carrabkiisa iyo dibnihiisa si aanu uga fakan Quraanku. Dabadeed waxaa uu Alle ku soo dejiyey:

(لا تحرك به لسانك لتعجل به إن علينا جمعه وقرآنه =)

(*Ha dhaqdhaqaajin carrabkaaga (marka uu Quraanku kugu soo degayo) si aad ugu dhakhsato (xifdigiisa). Annaga ayaa masuul ka ah soo ururintiisa (In aannu ku xifdisiinno) iyo akhrintiisa (in aad karto). Wixii intaa ka dambeeyey, waa uu dhageysan jiray marka uu Jibriil u yimaaddo. Marka uu ka tagana waa uu ku soo celin jiray*"

Faahfaahin 9:

Marka la dhammeeyo akhriska suuraddan in la dhaho: "Subxaanaka Allaahumma, balaa = سُبْحَانَكَ اللَّهُمَّ، بَلَى *", ayaa la soo wariyey. Sidoo kale suuradda At-tiin iyo Al-Aclaa iyo Mursalaad, iyagana in adkaar la akhriyo waa la soo wariyey.*

Qiyaamaha — سُورَةُ القِيَامَة

بِسۡمِ اللهِ الرَّحۡمَٰنِ الرَّحِيمِ

Waxaan ku bilaabayaa magaca Eebbe. Eebbaha naxariis badan oo guud naxariista. Eebbaha naxariis badan oo gaar ahaaneed naxariista.

لَآ أُقۡسِمُ بِيَوۡمِ ٱلۡقِيَٰمَةِ ۝

1 Waxa aan ku dhaaranaya maalinta Qiyaame.

وَلَآ أُقۡسِمُ بِٱلنَّفۡسِ ٱللَّوَّامَةِ ۝

2 Oo waxaan ku dhaaranayaa nafta is canaanashada badan *(Jawaab: Ee waa la idin soo saari doonaa Aakhiro).*

أَيَحۡسَبُ ٱلۡإِنسَٰنُ أَلَّن نَّجۡمَعَ عِظَامَهُ ۝

3 Ma waxa uu moodayaa qofka Bina Aadanka ahi, in aannaan soo ururin doonin lafihiisa (si loo soo nooleeyo).

بَلَىٰ قَٰدِرِينَ عَلَىٰ أَن نُّسَوِّيَ بَنَانَهُ ۝

4 Mayee; waannu awoodnaa in aannu isku sinno xubnaha farihiisa (oo ku celinno sidii ay ahaayeen).

بَلۡ يُرِيدُ ٱلۡإِنسَٰنُ لِيَفۡجُرَ أَمَامَهُ ۝

5 Wuxuu se doonayaa qofka bina Aadanka ahi, in uu inkiro waxa ku soo socda (is diidsiinta aakhiro iyo xisaabteeda).

يَسۡـَٔلُ أَيَّانَ يَوۡمُ ٱلۡقِيَٰمَةِ ۝

6 Waxa uu is weydiinayaa (si jikaar ah): "Oo waa goorma maalinta qiyaamuhu"?

فَإِذَا بَرِقَ ٱلۡبَصَرُ ۝

7 Marka ay indhuhu galacleeyaan (ilgabadhleeyo, cabsi darteed).

وَخَسَفَ ٱلۡقَمَرُ ۝

8 Ee uu dayaxu madoobaado.

وَجُمِعَ ٱلشَّمۡسُ وَٱلۡقَمَرُ ۝

9 Ee la isu geeyo qorraxda iyo dayaxa.

يَقُولُ ٱلۡإِنسَٰنُ يَوۡمَئِذٍ أَيۡنَ ٱلۡمَفَرُّ ۝

10 Maalintaa waxa uu odhan, qofka bina aadanka ahi: "Xaggee loo carari karaa"?

كَلَّا لَا وَزَرَ ۝

11 Maya, taa iskaba daayoo; ma jirto meel la magangalaa.

إِلَىٰ رَبِّكَ يَوۡمَئِذٍ ٱلۡمُسۡتَقَرُّ ۝

12 Rabbigaa xaggiisa ayey ahaan, meesha maalintaas lagu sugnaan doonaa.

يُنَبَّؤُا ٱلۡإِنسَٰنُ يَوۡمَئِذٍ بِمَا قَدَّمَ وَأَخَّرَ ۝

13 Maalintaa, waxa looga warrami qofka bina Aadanka ah, wixii uu hormarsaday (camalfalkiisii shar iyo khayr) iyo wixii uu dibudhigtay (raadkii uu ka tagay shar iyo khayr)

بَلِ ٱلْإِنسَـٰنُ عَلَىٰ نَفْسِهِۦ بَصِيرَةٌ ۝

14 Habase ahaatee, qofku isaga ayaa naftiisa markhaati ku ah.

وَلَوْ أَلْقَىٰ مَعَاذِيرَهُۥ ۝

15 Xiitaa haddii uu keeno marmarsiiyihiisa (laga yeeli maayo).

لَا تُحَرِّكْ بِهِۦ لِسَانَكَ لِتَعْجَلَ بِهِۦٓ ۝

16 (Nebi Allow!) ha dhaqdhaqaajin carrabkaaga (marka uu Quraanku kugu soo degayo) si aad ugu dhakhsato (xifdigiisa).

إِنَّ عَلَيْنَا جَمْعَهُۥ وَقُرْءَانَهُۥ ۝

17 Annaga ayaa masuul ka ah, soo ururintiisa (In aannu ku xifdisiinno) iyo akhrintiisa (in aad karto).

فَإِذَا قَرَأْنَـٰهُ فَٱتَّبِعْ قُرْءَانَهُۥ ۝

18 Ee marka aannu akhrino (malakul-Jibriil kuu akhriyayo), la soco akhriskiisa (oo u dhegraarici).

ثُمَّ إِنَّ عَلَيْنَا بَيَانَهُۥ ۝

19 Dabadeed annaga ayaa ku shaqo leh caddayntiisa (fasirkiisa).

كَلَّا بَلْ تُحِبُّونَ ٱلْعَاجِلَةَ ۝

20 Dhab ahaan, waxaad (dadoow) jeceshihiin, adduunyadan degdegaysa (iyo raaxadeeda yar).

وَتَذَرُونَ ٱلْآخِرَةَ ۝

21 Oo waxa aad ka tageysaan (u shaqaysiga maalinta) Aakhiro.

وُجُوهٌ يَوْمَئِذٍ نَّاضِرَةٌ ۝

22 Maalintaa, (dadka qaar) wajiyadoodu, farxad ayey la ifayaan.

إِلَىٰ رَبِّهَا نَاظِرَةٌ ۝

23 Iyaga oo arkaya Rabbigood.

وَوُجُوهٌ يَوْمَئِذٍ بَاسِرَةٌ ۝

24 Wejiyada qaarna, waxa maalintaa saaran, dubuur.

تَظُنُّ أَن يُفْعَلَ بِهَا فَاقِرَةٌ ۝

25 Waxa ay filayaan in lagu samayn doono (ciqaab) dhabarka ka jebisa.

كَلَّا إِذَا بَلَغَتِ ٱلتَّرَاقِيَ ۝

26 Dhab ahaan, marka ay (qofka sakaraadaya naftiisu) soo gaadho kalxamaha.

وَقِيلَ مَنْ رَاقٍ ۝

27 Ee la dhaho: «Yaa badbaadin kara?"

وَظَنَّ أَنَّهُ ٱلْفِرَاقُ ۝

28 Ee isaguna yaqiinsado, in uu dhimanayo.

وَٱلْتَفَّتِ ٱلسَّاقُ بِٱلسَّاقِ ۝

29 Ee ay lugiba lugta kale, ku maranto (sakaraadka dartii).

إِلَىٰ رَبِّكَ يَوْمَئِذٍ ٱلْمَسَاقُ ۝

30 Maalintaa, meesha la isu wadaa, waa xagga Rabbi.

aadanka ahi, in faraha laga qaadayo (oo aan waxna la amrayn, waxna loo diideyn).

فَلَا صَدَّقَ وَلَا صَلَّىٰ ۝

31 Balse (gaalku) ma uu rumayn (EEBBE) mana uu tukan.

وَلَٰكِن كَذَّبَ وَتَوَلَّىٰ ۝

32 Hase yeeshee, wuu beeniyey (xaqii) waanu ka jeestay (raacitaankii Nebiga).

ثُمَّ ذَهَبَ إِلَىٰ أَهْلِهِ يَتَمَطَّىٰ ۝

33 Dabadeedna waxa uu aadey reerkiisii, isaga oo isqaadqaadaya (kibirsan oo is mahadiyey).

أَوْلَىٰ لَكَ فَأَوْلَىٰ ۝

34 Hoog baa ku leh, kuuna soo dhow!

ثُمَّ أَوْلَىٰ لَكَ فَأَوْلَىٰ ۝

35 Haddana hoog baa ku leh, oo kuu soo dhow!

أَيَحْسَبُ ٱلْإِنسَٰنُ أَن يُتْرَكَ سُدًى ۝

36 Ma waxa uu moodayaa qofka bina-

أَلَمْ يَكُ نُطْفَةً مِّن مَّنِيٍّ يُمْنَىٰ ۝

37 Miyaanu ahaan jirin (qofku) dhibic mani ah oo la sii daayey.

ثُمَّ كَانَ عَلَقَةً فَخَلَقَ فَسَوَّىٰ ۝

38 Dabadeedna (miyaanu) noqon xinjir, meel ku dheggan, dabadeedna ii Alle abuuray oo ebyey (u qaabeeyey oo u dhammaystiray sidii loogu talagalay).

فَجَعَلَ مِنْهُ ٱلزَّوْجَيْنِ ٱلذَّكَرَ وَٱلْأُنثَىٰ ۝

39 Markaa wuxuu ka dhigay (abuurkii la ebyey): lammmmaanaha, labka iyo dheddiga ah.

أَلَيْسَ ذَٰلِكَ بِقَٰدِرٍ عَلَىٰ أَن يُحْيِيَ ٱلْمَوْتَىٰ ۝

40 Haddaba miyaanu (Eebbahaasi) ahayn, mid awooda in uu soo nooleeyo kuwa dhintay?

Qofka

Waa suurad Madani ah. Waa suuradda 76aad ee musxafka. Waxa ay ka koobantahay 31 aayadood, 240 erey iyo 1054 xaraf. Waa suuraddii 98aad ee soo degta. Waxa ay ku xigtay suuradda Al-Raxmaan, iyadana waxaa ku xigtay suuradda Ad-dalaaq.

Faahfaahin 9:

Suuraddan Al-insaan, waa suuradda keli ah ee Madaniga ah jus Tabaarik. Balse waxaa jira culimo ku dooday in ay iyada qudheedu Maki tahay. Sababta ay Makiga ugu sheegeen, waa suuradda oo dhammaanteed ku saabsan Aakhiro iyo abaalka yaal iyo ujeedadii loo abuuray dadka. Arrimahaasna waxaa ku caan ah suuradaha Makiga ah. Barwaaqada Jannada taalla ayaa si faahfaahsan loogu baranayaa suuraddan. Waxaa la soo wariyey in markii ay suuraddani soo dageysay, uu nebiga la joogay Saxaabi ahaa Xabashi madow. Waxaa uu la muraaqooday barwaaqadii jannada. Dabadeed waa uu dhintay. Markaas ayuu nebigu yidhi "Waxaa uu u dhintay muhasho iyo hamuun uu u qabo jannada".

Qofka   سُورَةُ الإنسَان

بِسْمِ اللَّهِ الرَّحْمَٰنِ الرَّحِيمِ

Waxaan ku bilaabayaa magaca Eebbe. Eebbaha naxariis badan oo guud naxariista. Eebbaha naxariis badan oo gaar ahaaneed naxariista.

هَلْ أَتَىٰ عَلَى الْإِنسَٰنِ حِينٌ مِّنَ الدَّهْرِ لَمْ يَكُن شَيْئًا مَّذْكُورًا ۝

❶ Sow ma soo marin, qofka Bina-Aadanka ah, xilli aanu ahayn wax la sheego?

إِنَّا خَلَقْنَا الْإِنسَٰنَ مِن نُّطْفَةٍ أَمْشَاجٍ نَّبْتَلِيهِ فَجَعَلْنَٰهُ سَمِيعًا بَصِيرًا ۝

❷ Waxa aannu ka samaynnay qofka, dhibic yar oo dareere ah oo isku milan, si aannu u imtixaanno. Markaa waxa aannu ka dhignay mid wax maqlaya oo wax arkaya.

إِنَّا هَدَيْنَٰهُ السَّبِيلَ إِمَّا شَاكِرًا وَإِمَّا كَفُورًا ۝

❸ Waxaannu u caddaynay oo garansiinnay jidka (saxan iyo ka qaldan) si uu (ikhtiyaarkiisa) ugu noqdo mid mahadnaqa ama gaalooba.

إِنَّا أَعْتَدْنَا لِلْكَٰفِرِينَ سَلَٰسِلَا۟ وَأَغْلَٰلًا وَسَعِيرًا ۝

❹ Kuwa gaalooba, waxa aannu u diyaarinnay, silsilado iyo katiinado iyo dab ololaya.

إِنَّ الْأَبْرَارَ يَشْرَبُونَ مِن كَأْسٍ كَانَ مِزَاجُهَا كَافُورًا ۝

❺ Kuwa khayrka badan (ee amarka Alle u dhega nuguli), waxa ay ka cabbi koobab khamri (ka buuxo) oo lagu daray Kaafuur.

عَيْنًا يَشْرَبُ بِهَا عِبَادُ اللَّهِ يُفَجِّرُونَهَا تَفْجِيرًا ۝

❻ (Kaafuurkaas) oo ah durdur ay ka cabbayaan addoomada Alle (ee wanwanaagsan), iyaga oo u jiidanaya meeshii iyo sidii ay doonaan.

يُوفُونَ بِالنَّذْرِ وَيَخَافُونَ يَوْمًا كَانَ شَرُّهُ مُسْتَطِيرًا ۝

❼ Waxay fuliyaan Ballanqaadkooda (inta ay adduunka joogaan) oo waxay ka cabsadaan, maalin ay dhibteedu baahsantahay.

وَيُطْعِمُونَ الطَّعَامَ عَلَىٰ حُبِّهِ مِسْكِينًا وَيَتِيمًا وَأَسِيرًا ۝

❽ Waxayna ku quudiyaan -cunto ay u baahanyihiin-, masaakiinta, agoomaha iyo maxaabiista.

إِنَّمَا نُطْعِمُكُمْ لِوَجْهِ اللَّهِ لَا نُرِيدُ مِنكُمْ جَزَاءً وَلَا شُكُورًا ۝

❾ (Iyaga oo kor ama hoos u dhahaya): waxa aannu idiin quudinaynaa Ilaahay dartii uun, oo Idinkama rabno, abaalgud iyo mahadnaq toona.

إِنَّا نَخَافُ مِن رَّبِّنَا يَوْمًا عَبُوسًا قَمْطَرِيرًا ۝

❿ Annagu waxa aannu ka cabsanaynaa Rabbigayo, maalin (ku sifaysan) wejixumo iyo kadeed daran.

فَوَقَىٰهُمُ ٱللَّهُ شَرَّ ذَٰلِكَ ٱلْيَوْمِ وَلَقَّىٰهُمْ نَضْرَةً وَسُرُورًا ﴿١١﴾

⑪ Markaa (markii ay Aakhiro tageen); wuxuu Ilaahay ka badbaadiyey dhibaatadii maalintaas, waxaanu siiyey qurux (wejiyadooda ah) iyo farxad (qalbiyadooda ah).

وَجَزَىٰهُم بِمَا صَبَرُواْ جَنَّةً وَحَرِيرًا ﴿١٢﴾

⑫ Waxaanu ugaga abaalguday samirkoodii (beero) janno ah iyo (dhar) xariir ah.

مُّتَّكِئِينَ فِيهَا عَلَى ٱلْأَرَآئِكِ لَا يَرَوْنَ فِيهَا شَمْسًا وَلَا زَمْهَرِيرًا ﴿١٣﴾

⑬ Iyaga oo (jannadaa) dhexdeeda ku dangiigsanaya sariiro (fadhiyada raaxada leh oo dhaadheer). Mana arki doonaan qorrax (kulaylkeed) iyo qabow midna.

وَدَانِيَةً عَلَيْهِمْ ظِلَٰلُهَا وَذُلِّلَتْ قُطُوفُهَا تَذْلِيلًا ﴿١٤﴾

⑭ Waxaa u soo dhawaanaya (jannada) hadhkeeda, waana loo sakhirayaa, goosashada midhaheedana, sakhiraad weyn.

وَيُطَافُ عَلَيْهِم بِآنِيَةٍ مِّن فِضَّةٍ وَأَكْوَابٍ كَانَتْ قَوَارِيرَا۠ ﴿١٥﴾

⑮ Oo waxaa lagula wareegayaa weel (saxanno) qalin ah iyo koobab quraarad ah.

قَوَارِيرَ مِن فِضَّةٍ قَدَّرُوهَا تَقْدِيرًا ﴿١٦﴾

⑯ Waa quraarado ka samaysan qalin (Lacag) oo ay ku jaangooyeen qiyaas wanaagsan (qaabkooda, qaadkooda iyo qiyaasta ay rabaanba).

وَيُسْقَوْنَ فِيهَا كَأْسًا كَانَ مِزَاجُهَا زَنجَبِيلًا ﴿١٧﴾

⑰ Waxaaana laga waraabinayaa khamri, lagu daray Sinjibiil.

عَيْنًا فِيهَا تُسَمَّىٰ سَلْسَبِيلًا ﴿١٨﴾

⑱ (Sinjibiishaas oo ah) durdur janno oo lagu magacaabo Salsabiil.

۞ وَيَطُوفُ عَلَيْهِمْ وِلْدَٰنٌ مُّخَلَّدُونَ إِذَا رَأَيْتَهُمْ حَسِبْتَهُمْ لُؤْلُؤًا مَّنثُورًا ﴿١٩﴾

⑲ Waxaana ku dhex wareegaya, wiilal adeegayaal ah oo aan gaboobayn (weligood) oo marka aad aragto, aad moodayso (quruxdooda iyo badnidooda), kuul luul ah oo la saydhay.

وَإِذَا رَأَيْتَ ثَمَّ رَأَيْتَ نَعِيمًا وَمُلْكًا كَبِيرًا ﴿٢٠﴾

⑳ Haddii aad (indhahaaga ku) aragto meeshaas, waxa aad arki lahayd, barwaaqo iyo boqortooyo weyn.

عَٰلِيَهُمْ ثِيَابُ سُندُسٍ خُضْرٌ وَإِسْتَبْرَقٌ وَحُلُّوٓاْ أَسَاوِرَ مِن فِضَّةٍ وَسَقَىٰهُمْ رَبُّهُمْ شَرَابًا طَهُورًا ﴿٢١﴾

㉑ Waxay ku labbisanyihiin, dhar xariir jilicsan ah oo cagaaran, iyo xariir adag. Waxaana lagu qurxiyey (*gacmahooda, lugahooda, dhegahooda iyo qoortooda*) qalabka la isku qurxiyo oo qalin ah. Rabbigooduna waxa uu ka waraabinayaa cabbitaan nadiif ah (waxna nadiifinaya).

إِنَّ هَٰذَا كَانَ لَكُمْ جَزَآءً وَكَانَ سَعْيُكُم مَّشْكُورًا ﴿٢٢﴾

㉒ (Waxa lagu odhan) Waxani, wuxuu idiin yahay abaalmarin. Camalfalkiinnina waxa uu noqday, mid la idiinka mahadnaqay.

u dhammaanaysa (farxaddeeda), waxaanay gadaashooda kaga tegayaan (illoobayaan) maalin culays badan (Qiyaamaha).

نَّحْنُ خَلَقْنَٰهُمْ وَشَدَدْنَآ أَسْرَهُمْ ۖ وَإِذَا شِئْنَا بَدَّلْنَآ أَمْثَٰلَهُمْ تَبْدِيلًا ۝

28 Annaga ayaa (iyaga) abuurnay oo adkaynay seedahooda (jidhkooda). Haddii aannu doonnana, waxa aannu ku beddeli qaar iyaga oo kale ah.

إِنَّ هَٰذِهِۦ تَذْكِرَةٌ ۖ فَمَن شَآءَ ٱتَّخَذَ إِلَىٰ رَبِّهِۦ سَبِيلًا ۝

29 Tani (suuraddani) waa waano ee qofkii doonaa ha ka dhigto jid uu Rabbigii u maro.

وَمَا تَشَآءُونَ إِلَّآ أَن يَشَآءَ ٱللَّهُ ۚ إِنَّ ٱللَّهَ كَانَ عَلِيمًا حَكِيمًا ۝

30 Ma se doonaysaan, Alle oo doona mooyaane. Ilaahay wuxuu yahay, mid ogaal badan oo xigmad badan.

يُدْخِلُ مَن يَشَآءُ فِى رَحْمَتِهِۦ ۚ وَٱلظَّٰلِمِينَ أَعَدَّ لَهُمْ عَذَابًا أَلِيمًا ۝

31 Ciddii uu doono ayuu naxariistiisa dhexgeliyaa, daallimiintana wuxuu u diyaariyey cadaab xanuun badan.

إِنَّا نَحْنُ نَزَّلْنَا عَلَيْكَ ٱلْقُرْءَانَ تَنزِيلًا ۝

23 Annaga ayaa (Nebi Allow) kugu soo dejinnay Quraanka soo dejin tallaabo tallaabo ah.

فَٱصْبِرْ لِحُكْمِ رَبِّكَ وَلَا تُطِعْ مِنْهُمْ ءَاثِمًا أَوْ كَفُورًا ۝

24 Haddaba, ku samir xukunka Rabbigaa, waxbana ha ka dhageysan qof iyaga ka mid ah oo dembiile ah ama gaalnimo badan (waa qolyihii rabay in uu nebigu ka tanaasulo dacwadda).

وَٱذْكُرِ ٱسْمَ رَبِّكَ بُكْرَةً وَأَصِيلًا ۝

25 Xus magaca Rabbigaa, gelin hore iyo gelin dambeba (Subax, duhur iyo casar)

وَمِنَ ٱلَّيْلِ فَٱسْجُدْ لَهُۥ وَسَبِّحْهُ لَيْلًا طَوِيلًا ۝

26 Habeenkiina u sujuud Eebbe (tuko maqrib iyo cishaa), una tasbiixso habeenkii, in badan (salaatul-layl).

إِنَّ هَٰٓؤُلَآءِ يُحِبُّونَ ٱلْعَاجِلَةَ وَيَذَرُونَ وَرَآءَهُمْ يَوْمًا ثَقِيلًا ۝

27 Kuwani (dadku) waxa ay jecelyihiin adduunyadan degdegga

Kuwa la diro

Waa suurad Maki ah. Waa suuraddii 77aad ee musxafka. Waxa ay ka koobantahay 50 aayadood, 181 erey iyo 816 xaraf. Waa suuraddii 33aad ee soo degta. Waxa ay ku xigtay suuradda Al-humasa, iyadana waxaa ku xigtay suuradda Qaaf.

Faahfaahin 10:

Suuraddan Al-mursalaat waxa ay ku soo degtay Nebiga oo ku sugan god ku yaalla meesha Mina la yidhaahdo ee Maka duleedkeeda ah. Cabdillaahi Ibnu Mascuud oo la joogay ayaa sidaa sheegay, sida ku qoran kitaabka Bukhaariga. Sidoo kale waxa ay sheegtay Ummu Al-fadal oo ibnu Cabbaas hooyadii ahayd, in suuraddani tahay suuraddii ugu dambaysay ee ay maqasho nebiga oo ku tukinaya salaadda maqrib, dhimashadiisa ka hor.

Kuwa la diro

بِسْمِ اللَّهِ الرَّحْمَٰنِ الرَّحِيمِ

Waxaan ku bilaabayaa magaca Eebbe. Eebbaha naxariis badan oo guud naxariista. Eebbaha naxariis badan oo gaar ahaaneed naxariista.

وَالْمُرْسَلَاتِ عُرْفًا ۝

❶ Waxaan ku dhaaranayaa, kuwa la diro iyaga oo is dabataxan (dabaylaha)!

فَالْعَاصِفَاتِ عَصْفًا ۝

❷ Ee ah duufaannada kacaya, iyaga oo aad u dhabanaya!

وَالنَّاشِرَاتِ نَشْرًا ۝

❸ Oo waxaan ku dhaaranayaa kuwa si dhab ah u fidinaya wixii loo igmado (malaa'igta)!

فَالْفَارِقَاتِ فَرْقًا ۝

❹ Iyo kuwa si dhab ah u kala caddeeya (xaqa iyo baadilka).

فَالْمُلْقِيَاتِ ذِكْرًا ۝

❺ Ee soo dejiya waxyi;

عُذْرًا أَوْ نُذْرًا ۝

❻ (Iyaga oo u soo dejinaya) Marmarsiiyotir ama diginin darteed.

إِنَّمَا تُوعَدُونَ لَوَاقِعٌ ۝

❼ (Ee) Waxan la idiin ballan-qaadayo (oo Qiyaamaha ahi) Waa wax dhici doona.

فَإِذَا النُّجُومُ طُمِسَتْ ۝

❽ Haddaba marka xiddigaha la damiyo.

وَإِذَا السَّمَاءُ فُرِجَتْ ۝

❾ Ee cirka la furfuro (uu dildillaacdo).

وَإِذَا الْجِبَالُ نُسِفَتْ ۝

❿ Ee buuraha la saydhiyo.

وَإِذَا الرُّسُلُ أُقِّتَتْ ۝

⓫ Ee Rasuulladii wakhti loo qabto.

لِأَيِّ يَوْمٍ أُجِّلَتْ ۝

⓬ Oo waa maalintee dee, maalinta weyn ee loo muddeeyey?

لِيَوْمِ الْفَصْلِ ۝

⓭ Waa maalinta waxkalasaaridda.

وَمَا أَدْرَاكَ مَا يَوْمُ الْفَصْلِ ۝

⓮ Oo maxaad ka ogtahay waxa ay tahay maalinta waxkalasaariddu?

وَيْلٌ يَوْمَئِذٍ لِلْمُكَذِّبِينَ ۝

⓯ Maalintaa waxaa hoog iyo halaag leh, kuwii xaqa beeniyey (Ilaahay, Aakhiro, kutubta iyo rasuullada).

أَلَمْ نُهْلِكِ ٱلْأَوَّلِينَ ﴿١٦﴾

16 Miyaannaan halaagin kuwii hore (ee beeniyey sida qoomkii Nuux).

ثُمَّ نُتْبِعُهُمُ ٱلْآخِرِينَ ﴿١٧﴾

17 Kuwa dambena waannu raacin doonna (haddii ay madax adaygaan).

كَذَٰلِكَ نَفْعَلُ بِٱلْمُجْرِمِينَ ﴿١٨﴾

18 Sidaa (halaaggaas) oo kale ayaannu ku samaynnaa (dembiileyaasha).

وَيْلٌ يَوْمَئِذٍ لِّلْمُكَذِّبِينَ ﴿١٩﴾

19 Maalintaa waxaa hoog iyo halaag leh, kuwii xaqa beeniyey.

أَلَمْ نَخْلُقكُّم مِّن مَّآءٍ مَّهِينٍ ﴿٢٠﴾

20 Miyaannaan idinka abuurin biyo liita (xawada/shahwada/manida).

فَجَعَلْنَٰهُ فِى قَرَارٍ مَّكِينٍ ﴿٢١﴾

21 Oo markaa aannaan dhex dhigin moqor dhawran (Makaanka /minka).

إِلَىٰ قَدَرٍ مَّعْلُومٍ ﴿٢٢﴾

22 Ilaa muddo la yaqaan (sidka dumarka).

فَقَدَرْنَا فَنِعْمَ ٱلْقَٰدِرُونَ ﴿٢٣﴾

23 Markaa waannu qorshaynay (annagoo) cid wax qorshaysa ugu fiicane.

وَيْلٌ يَوْمَئِذٍ لِّلْمُكَذِّبِينَ ﴿٢٤﴾

24 Maalintaa waxaa hoog iyo halaag leh, kuwii xaqa beeniyey.

أَلَمْ نَجْعَلِ ٱلْأَرْضَ كِفَاتًا ﴿٢٥﴾

25 Miyaannaan dhulka ka dhigin mid mug iyo qaad idiin leh:

أَحْيَآءً وَأَمْوَٰتًا ﴿٢٦﴾

26 Idinkoo nool iyo idinkoo dhintayba.

وَجَعَلْنَا فِيهَا رَوَٰسِىَ شَٰمِخَٰتٍ وَأَسْقَيْنَٰكُم مَّآءً فُرَاتًا ﴿٢٧﴾

27 (Dhulka) dhexdiisana waxaannu yeelnay, buuro dhaadheer oo waxaannu idinka waraabinnay biyo macaan.

وَيْلٌ يَوْمَئِذٍ لِّلْمُكَذِّبِينَ ﴿٢٨﴾

28 Maalintaa waxaa hoog iyo halaag leh, kuwii xaqa beeniyey.

ٱنطَلِقُوٓا۟ إِلَىٰ مَا كُنتُم بِهِۦ تُكَذِّبُونَ ﴿٢٩﴾

29 (Waxa lagu odhan), orda aada wixii aad beenin jirteen (waa naarta eh).

ٱنطَلِقُوٓا۟ إِلَىٰ ظِلٍّ ذِى ثَلَٰثِ شُعَبٍ ﴿٣٠﴾

30 Orda aada hoosiis (qiiq ah) oo saddex dabaqle ah.

لَّا ظَلِيلٍ وَلَا يُغْنِى مِنَ ٱللَّهَبِ ﴿٣١﴾

31 Hadh qabow ma leh, ololkana waxba ka tari maayo

إِنَّهَا تَرْمِى بِشَرَرٍ كَٱلْقَصْرِ ﴿٣٢﴾

32 (Naartaasi) waxa ay firdhinaysaa dhimbiilo (dambaaburo) sida daaraha waaweyn oo kale ah.

كَأَنَّهُۥ جِمَٰلَتٌ صُفْرٌ ﴿٣٣﴾

33 Oo la moodo geel madmadow

(Madow-bacad ah)

وَيْلٌ يَوْمَئِذٍ لِّلْمُكَذِّبِينَ ﴿٣٤﴾

34 Maalintaa waxaa hoog iyo halaag leh, kuwii xaqa beeniyey

هَٰذَا يَوْمُ لَا يَنطِقُونَ ﴿٣٥﴾

35 Taasi waa maalinta aanay (iyagu) hadli doonin

وَلَا يُؤْذَنُ لَهُمْ فَيَعْتَذِرُونَ ﴿٣٦﴾

36 Ee aan loo ogggolaan doonin in ay cudurdaartaan

وَيْلٌ يَوْمَئِذٍ لِّلْمُكَذِّبِينَ ﴿٣٧﴾

37 Maalintaa waxaa hoog iyo halaag leh, kuwii xaqa beeniyey

هَٰذَا يَوْمُ الْفَصْلِ جَمَعْنَاكُمْ وَالْأَوَّلِينَ ﴿٣٨﴾

38 (Waxa lagu odhan) Tani waa maalintii waxkalasaaridda oo aannu idin kulminnay idinka iyo kuwii horeba.

فَإِن كَانَ لَكُمْ كَيْدٌ فَكِيدُونِ ﴿٣٩﴾

39 Markaa haddii aad haysaan wax tab iyo xeelad ah, adeegsada (si aad isu badbaadisaan)

وَيْلٌ يَوْمَئِذٍ لِّلْمُكَذِّبِينَ ﴿٤٠﴾

40 Maalintaa waxaa hoog iyo halaag leh, kuwii xaqa beeniyey

إِنَّ الْمُتَّقِينَ فِي ظِلَالٍ وَعُيُونٍ ﴿٤١﴾

41 (Dhinaca kale) kuwa Alle-yaqaanka ahi, waxay dhex joogaan hoosiis iyo durdurro

وَفَوَاكِهَ مِمَّا يَشْتَهُونَ ﴿٤٢﴾

42 Iyo midho-khudaareed wixii ay naftooodu u muhato

كُلُوا وَاشْرَبُوا هَنِيئًا بِمَا كُنتُمْ تَعْمَلُونَ ﴿٤٣﴾

43 (Waxa lagu odhan) shifo ku cuna oo ku cabba (abaalgudka) camalfalkiinnii

إِنَّا كَذَٰلِكَ نَجْزِي الْمُحْسِنِينَ ﴿٤٤﴾

44 Sidaas ayaannu u abaalmarinaynaa, samafalayaasha (muxsiniinta oo dhan)

وَيْلٌ يَوْمَئِذٍ لِّلْمُكَذِّبِينَ ﴿٤٥﴾

45 Maalintaa waxaa hoog iyo halaag leh, kuwii xaqa beeniyey

كُلُوا وَتَمَتَّعُوا قَلِيلًا إِنَّكُم مُّجْرِمُونَ ﴿٤٦﴾

46 (Gaalooy) iska cuna oo iska raaxaysta wakhti yar (Inta aad adduunka joogtaan), idinku dembiileyaal baad tihiine

وَيْلٌ يَوْمَئِذٍ لِّلْمُكَذِّبِينَ ﴿٤٧﴾

47 Maalintaa waxaa hoog iyo halaag leh, kuwii xaqa beeniyey.

وَإِذَا قِيلَ لَهُمُ ارْكَعُوا لَا يَرْكَعُونَ ﴿٤٨﴾

48 Haddiiba lagu yidhaa Eebbe u rukuuca, ma rukuucayaan.

وَيْلٌ يَوْمَئِذٍ لِّلْمُكَذِّبِينَ ﴿٤٩﴾

49 Maalintaa waxaa hoog iyo halaag. leh, kuwii xaqa beeniyey.

فَبِأَيِّ حَدِيثٍ بَعْدَهُ يُؤْمِنُونَ ﴿٥٠﴾

50 Haddaba (haddii ay diideen hadalkii Alle) waa warkee warka ay rumaynayaan ee kale.

BUUGAAGTA EUROSOM

Qalinka

MAXAMED XIRSI GUULEED
(ABDIBASHIR)

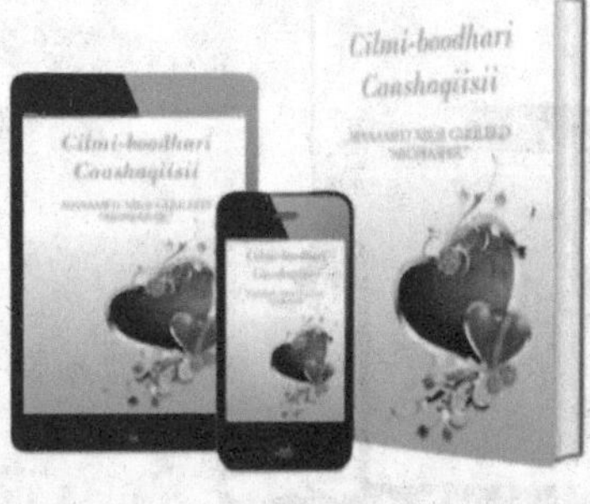

EUROSOM BOOKS
2022

BUUGAAGTA EUROSOM

Qalinka

MAXAMED XIRSI GUULEED
(ABDIBASHIR)

EUROSOM BOOKS
2022

BUUGAAGTA EUROSOM

Qalinka

MAXAMED XIRSI GUULEED
(ABDIBASHIR)

EUROSOM BOOKS

2022

BUUGAAGTA EUROSOM

Qalinka

MAXAMED XIRSI GUULEED
(ABDIBASHIR)

EUROSOM BOOKS
2022

BUUGAAGTA EUROSOM
Qalinka
MAXAMED XIRSI GUULEED
(ABDIBASHIR)

EUROSOM BOOKS
2022

www.ingramcontent.com/pod-product-compliance
Lightning Source LLC
LaVergne TN
LVHW031427170726
843492LV00009B/2890